まちごとチャイナ
四川省006

楽山
「巨大の大仏」に見守られて
［モノクロノートブック版］

　宋代以後、この地方を管轄する嘉定府(嘉州)の都となり、現在では四川第2の都市である楽山。街は成都からくだってきた岷江が、青衣江、大渡河と合流する地点に開け、水運のよさから、食料や物資の集散地として知られてきた。

　この三江合流地点ではしばしば水難事故が起こり、それを鎮めるために、唐代の713年から90年の月日をかけて高さ71mの楽山大仏が築かれた。それは中国最大の石彫大仏で、岷江東岸の凌雲山を彫り出したことから、「山が一尊の仏で、仏が一座の山」とたとえられる。

　また楽山は、四川屈指の美しい山水をもつ街でもあり、「天下の山水は四川にあり、四川の山水は楽山にある」の言葉でも知られる(楽山の自然は、唐の詩人李白の『峨眉山月歌』でも詠われている)。楽山の西40kmには仏教聖地の峨眉山が位置するなど、楽山には豊かな仏教文化が残り、また蘇東坡や郭沫若を輩出した「士大夫の里」といった顔をもつ。

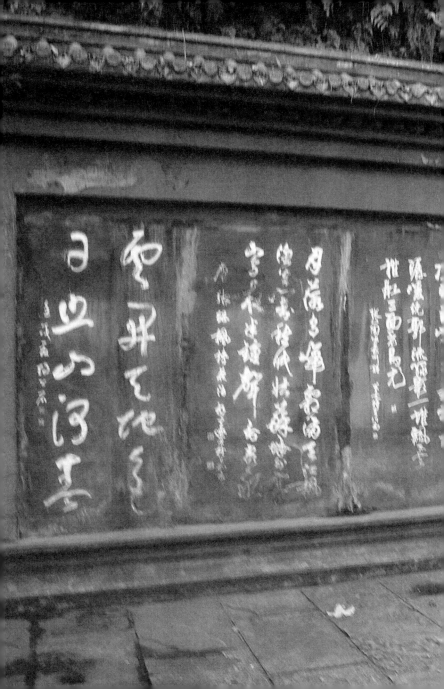

Asia City Guide Production
Sichuan 006
Leshan
乐山／lè Shān／ラアシャン

|まちごとチャイナ|四川省 006|

楽 山
「巨大の大仏」に見守られて

「アジア城市（まち）案内」制作委員会
まちごとパブリッシング

まちごとチャイナ
四川省 006
楽山

Contents

楽山 — 007

三江合流地点に開けた — 013

楽山旧城城市案内 — 021

老霄頂鑑賞案内 — 037

岷江大橋城市案内 — 045

極大大仏誕生の物語 — 053

楽山大仏鑑賞案内 — 059

烏尤山鑑賞案内 — 079

新市街城市案内 — 087

楽山南郊外城市案内 — 093

楽山北郊外城市案内 — 103

城市のうつりかわり — 109

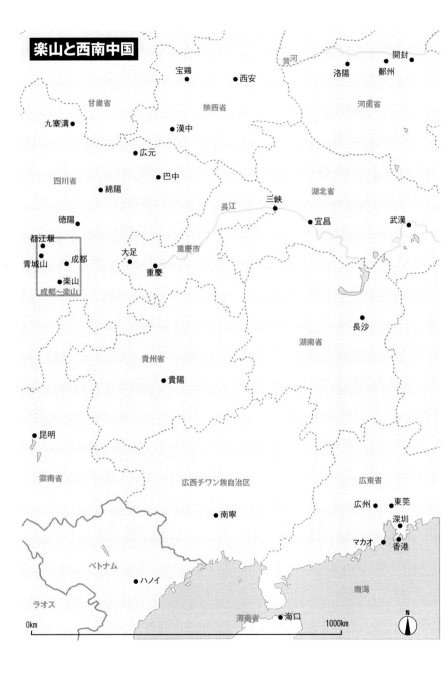

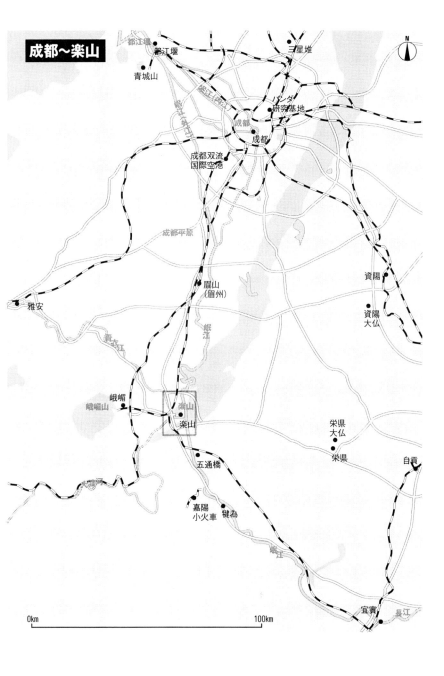

★★★
楽山／乐山 lè shān ラアシャン
★☆☆
岷江／岷江 mín jiāng ミィンジィアン
大渡河／大渡河 dà dù hé ダアドゥハア
青衣江／青衣江 qīng yī jiāng チィンイイジィアン
五通橋／五通桥 wǔ tōng qiáo ウウトォンチィアオ
嘉陽小火車／嘉阳小火车 jiā yáng xiǎo huǒ chē ジィアヤァンシィアオフゥオチァア

Introduction
三江合流地点に開けた

長江上流の内陸地帯に広がる四川省では
河川による交通が重要な意味をもってきた
楽山は成都に続く四川第2の都市

最大の仏像を擁する街

　三江合流点で、川の流れを見守るように鎮座する楽山大仏。高さは71mで、かつてあったアフガニスタンのバーミヤン大仏が55mと38m、奈良の大仏が14.98mであることを考えると、その大きさが際立っていることがわかる。この世界最大の石彫大仏の造営は、唐代の713年、海通和尚の発願によってはじまり、90年の月日をへて803年に完成した。凌雲山の頂部がちょうど大仏の頭のてっぺんになっていて、「山が一尊の仏で、仏が一座の山」と言われる。楽山大仏の彫られた地層は、今から1億4000万年前の白亜紀につくられた地層で、大仏は荒々しい赤色砂岩でできている。また楽山大仏(凌雲山)の向かいにある烏尤山を涅槃仏の頭に、凌雲山、亀城山を胴体から側部に見立てることで、長さ1300mを超す巨大な涅槃仏も確認できる。楽山大仏は、その視線(西)の先にある峨嵋山とともに世界遺産に指定され、「上は峨眉山に向かい、下は凌雲山(楽山)に向かう」と言われてきた。

三江が合流する

　内陸部の四川省では、川は交通手段として機能し、川と川の合流点に街が築かれ、そこに人や物資が集まってきた。楽

山はその代表格の街で、成都から流れてきた「岷江」、雅安から流れてきた「青衣江」、岷江最大の支流でチベット高原から流れてくる「大渡河」という3つの河川が合流する。そして、楽山の南東130kmの宜賓で金沙江と合流し、それより下流が長江となる。長江の流れを通じて三峡から江南に続いたばかりでなく、成都から楽山、そして貴州や雲南へいたる西南シルクロードの拠点でもあった。こうした楽山の性格から、長江を通じて海に続く成都平原唯一の港である楽山港が、市街の下流地点に築かれた。楽山港は、成都港でもあるという。

楽山料理とは

成都の正統派の正宗四川料理、重慶の江湖料理に対して、楽山料理を「嘉州菜(楽山菜)」と呼ぶ。他の四川料理よりも上品で、繊細、魚や豆腐など、楽山の豊かな自然が料理に反映されている。水炊きした鶏肉に、醤油、白糖、花椒、唐辛子などを加えた「白宰鶏バイザイジー(嘉州涼鶏)」は、楽山料理の代表格で、作家郭沫若は「(楽山の白宰鶏は)芸術品」という言葉を残している。同様に、ゆでた鶏肉を細切りにし、香辛料で味つけする「棒々鶏バンバンジー」も食べられてきた。また楽山の名物料理として知られるのが、川魚の江団(長吻鮠/イノシシギギ)を蒸し、長ネギなどを加える「清蒸江団チンチェンジィアントゥアン」。江団は水底にいる羊と言われるなど、鱗がなくて食べやすく、調味料を使わずに蒸す清蒸と、醤油などの調味料で煮込む紅焼がある。また凌雲山あたりの川底にいる墨魚(前身が黒い川魚、墨頭魚)を調理した、甘酢あんかけ糖醋の「東坡墨魚ドォンポオモオユウ」。蘇東坡が楽山凌雲寺にいたとき、ここで硯を洗い、この料理を食したと伝えられる(ふたつの川が集まる楽山の江岸には多くの洞窟があり、魚がこの洞窟にひそんでいるという)。一般の人には、明代から庶民の食べものでもあった豆腐や、峨眉脯(干し肉)が好まれてきた。

この地方の民居の様子を伝える麻浩漁村

「山が一尊の仏で、仏が一座の山」楽山大仏

悠然としたたたずまいを見せる大仏

凌雲山と烏尤山を結ぶ濠上大橋

楽山の古名あれこれ

　楽山古名の「嘉州」という名称は、それまでの「南安」から、北周の579年に「郡土嘉美（この地は立派で、申し分ない）」という意味で名づけられて以来のもの。隋代、隋の将軍が陳理を討つため、船（軍）を進めたとき、この地で龍が水面に現れたという故事から、「龍游」とも呼ばれた。宋代以来、楽山には行政府の嘉定府（嘉州）がおかれ、この地方の中心地となったため、長らく「嘉定（嘉州）」という名前で知られていた（成都には成都府がおかれた）。楽山という街名は、清朝の雍正帝（在位1723～35年）時代につけられたもので、嘉州城（楽山旧城）の南5里にあった楽山（金灯山）からとられた。また唐代の官吏が、海棠ことバラ科のハナカイドウの香る街について記し、そこから楽山は「海棠香国」ともたたえられた（海棠には香りはないが、蜀の嘉州に産するものは香りがあると言われた）。これら楽山の古名は、嘉定南路や龍游路、海棠路など、現在でも通りの名前で使用されている。

楽山の構成

　楽山は四川盆地の南西縁に位置し、市街部の標高は425mほど、西50kmには標高3098mの峨眉山がそびえている（そこからさらに西はチベット高原へ続く）。楽山の街（旧市街）は、岷江と大渡河、青衣江の合流地点に築かれ、ちょうど市街の東側と南側を河川が流れるかたちになっている。また市街背後（北西側）には、高標山、玉鳳山、海棠山、九龍山などが横たわり、「背後に丘陵、前方に河川」という風水上優れた地形をもつ。この街のシンボルとも言える楽山大仏は、市街の対岸にあり、岷江に合流する大渡河を受けとめるように鎮座する。これら楽山中心部は、地形にあわせて街区がつくられていて、なだらかな起伏が多く、平坦地が少ないため、整然とした中国の伝統的な街とは姿が異なる。現在の楽山市街は、川の合

流地点にある楽山旧城の北側に広がり、こちらの新市街に成都方面と結ばれた鉄道駅、ショッピングモールが集まっている。楽山は成都につぐ四川省第2の商業都市であり、世界遺産の楽山大仏、峨眉山を抱える観光都市となっている。

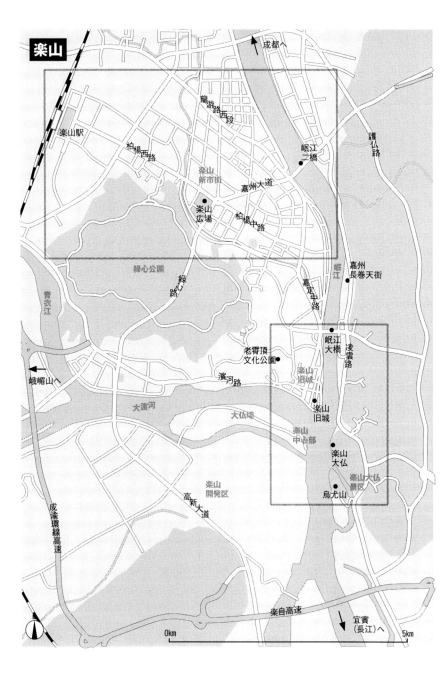

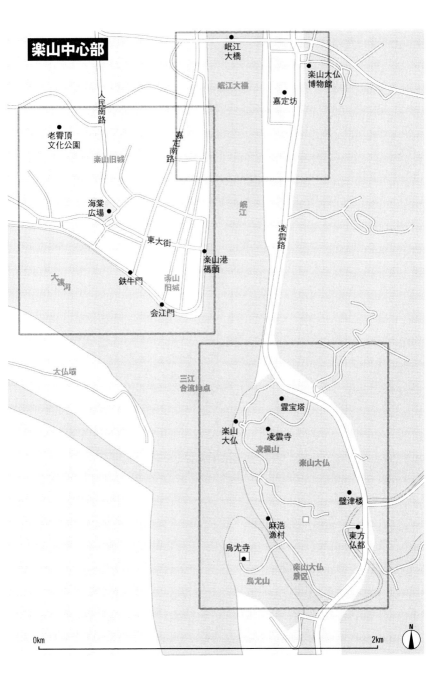

★★★
楽山旧城／嘉州古城 jiā zhōu gǔ chéng ジァチョウグウチャン
楽山大仏景区／乐山大佛景区 lè shān dà fú jǐng qū ラアシャンダアフウジンチュウ
楽山大仏／乐山大佛 lè shān dà fú ラアシャンダアフウ

★★☆
老霄頂文化公園／老霄顶文化公园 lǎo xiāo dǐng wén huà gōng yuán ラァオシィアオディンウェンフゥアゴォンユゥエン
嘉定坊／嘉定坊 jiā dìng fāng ジァディンファン
麻浩漁村／麻浩渔村 má hào yú cūn マアハオユウチュン
烏尤寺／乌尤寺 wū yóu sì ウウヨウスウ

★☆☆
岷江／岷江 mín jiāng ミンジィアン
会江門／会江门 huì jiāng mén フゥイジィアンメン
鉄牛門／铁牛门 tiě niú mén ティエニィウメン
東大街／东大街 dōng dà jiē ドンダアジエ
楽山港碼頭／乐山港码头 lè shān gǎng mǎ tóu ラアシャンガァンマアトォウ
海棠広場／海棠广场 hǎi táng guǎng chǎng ハァイタァングゥアンチャアン
大渡河／大渡河 dà dù hé ダアドゥハア
青衣江／青衣江 qīng yī jiāng チィンイイジィアン
嘉定南路／嘉定南路 jiā dìng nán lù ジィアディンナァンルウ
楽山博物館／乐山博物馆 lè shān bó wù guǎn ラアシャンボオウウグゥアン
嘉州長巻天街／嘉州长卷天街 jiā zhōu cháng juàn tiān jiē ジィアチョウチャンジュアンティエンジエ
凌雲山／凌云山 líng yún shān リィンユンシャン
凌雲寺／凌云寺 líng yún sì リィンユゥンスウ
霊宝塔／灵宝塔 líng bǎo tǎ リィンバァオタア
璧津楼／璧津楼 bì jīn lóu ビィジンロォウ
東方仏都／东方佛都 dōng fāng fú dōu ドォンファンフゥドォウ
烏尤山／乌尤山 wū yóu shān ウウヨウシャン
楽山新市街／乐山新城区 lè shān xīn chéng qū ラアシャンシィンチェンチュウ
楽山広場／乐山广场 lè shān guǎng chǎng ラアシャングゥアンチャアン
楽山開発区／乐山开发区 lè shān kāi fā qū ラアシャンカァイファアチュウ

Jia Zhou Gu Cheng
楽山旧城城市案内

天下の山水は蜀にあり、蜀の山水は嘉州にあり
山と河川に抱かれた街は美しく
成都につぐ大都市でもある

楽山旧城／嘉州古城★★★
jiā zhōu gǔ chéng
らくさんきゅうじょう／ジィアチョウグウチャン

　河川の合流点に築かれた楽山旧城は嘉州古城ともいい、古くは蜀王開明氏が統治し、秦漢では南安県がおかれていた。楽山旧城は北周の579年に築かれ、以後、歴代の府県治地もここにあったが、河川の洪水などの水害が多かった。楽山旧城は宋代に重建、明代には街の周囲に木の柵、また石の堤防がめぐらされた。河川の合流地点に会江門があり、そこから東の岷江と南の大渡河に沿うように城壁が走っていた(河川は護城河の役割を果たした)。城壁には10の門があり、西の高西門と北の高北門をのぞいて、8つの門は川岸にもうけられ、そのすぐ外側は碼頭だった。水運がよいことから、食料、物資、鉱物などの集散地となり、楽山では船業、商業が盛んであった。楽山旧城は高標山を背後に、会江門を前方にする丘陵状の地形にあわせて街がつくられたことから、東西南北に直通する道路がなく、細い路地が入り組んでいた。また楽山旧城の住民は、生活水に川の水を使ったため、水くみ労働者の往来が多く、道は常に雨後のようにしめっていたという。楽山旧城の城壁は、交通の妨げとなるという理由で、1928年の成嘉馬路の開通とともに城壁が撤去されていった。

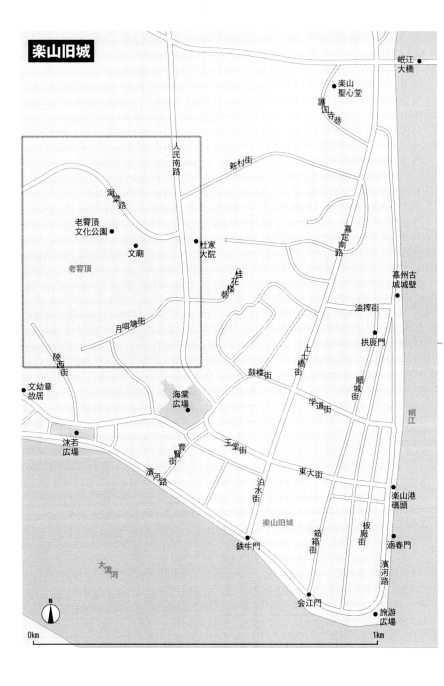

岷江／岷江 ★☆☆
mín jiāng
みんこう／ミィンジィアン

　成都から楽山旧城の東側を流れ、やがて下流の宜賓で長江に合流する岷江。古代中国の『書経』に「長江の源流」と記されて以来、清代までこの岷江が長江の源流だと信じられていた。四川省の母なる河川でもあり、四川省北部の岷山山脈の麓から流れ、全長は793kmになる。一方でしばしば洪水を起こしたことから、秦の李冰は成都の上流で都江堰を築き、同様に楽山でも烏尤山を島状にして水害をふせぐ治水事業を行なった。岷江の年間平均水量は黄河を超え、四川ではただ単に「江」とのみ呼ばれることもある。

★★★
楽山旧城／嘉州古城 jiā zhōu gǔ chéng ジアチョウグウチャン

★★☆
老霄頂文化公園／老霄顶文化公园 lǎo xiāo dǐng wén huà gōng yuán ラァオシアオディンウェンフゥアゴォンユゥエン
楽山文廟／乐山文庙 lè shān wén miào ラアシャンウェンミィアオ

★☆☆
岷江／岷江 mín jiāng ミィンジィアン
旅游広場／乐山旅游广场 lè shān lǚ yóu guǎng chǎng ラアシャンリュウヨウグウチアアン
会江門／会江门 huì jiāng mén フゥイジィアンメン
鉄牛門／铁牛门 tiě niú mén ティエニィウメン
箱箱街／箱箱街 xiāng xiāng jiē シィアンシィアンジエ
東大街／东大街 dōng dà jiē ドンダアジエ
涵春門(観仏楼)／涵春门 hán chūn mén ハァンチュンメン
楽山港碼頭／乐山港码头 lè shān gǎng mǎ tóu ラアシャンガァンマアトォウ
嘉州古城壁／嘉州古城墙 jiā zhōu gǔ chéng qiáng ジィアチョウグウチャンチィアン
拱辰門／拱辰门 gǒng chén mén ゴォンチェンメン
海棠広場／海棠广场 hǎi táng guǎng chǎng ハァイタァングゥアンチァアン
桂花楼巷／桂花楼巷 guì huā lóu xiàng グゥイファアロゥシィアン
杜家大院／杜家大院 dù jiā dà yuàn ドゥジィアダアユゥエン
大渡河／大渡河 dà dù hé ダアドゥハア
沫若広場／沫若广场 mò ruò guǎng chǎng モオルゥオグゥアンチャン
嘉定南路／嘉定南路 jiā dìng nán lù ジィアディンナァンルウ
文幼章故居／文幼章故居 wén yòu zhāng gù jū ウェンヨウチャングゥジュウ
楽山聖心堂／乐山圣心堂 lè shān shèng xīn táng ラアシャンシェンシィンタァン

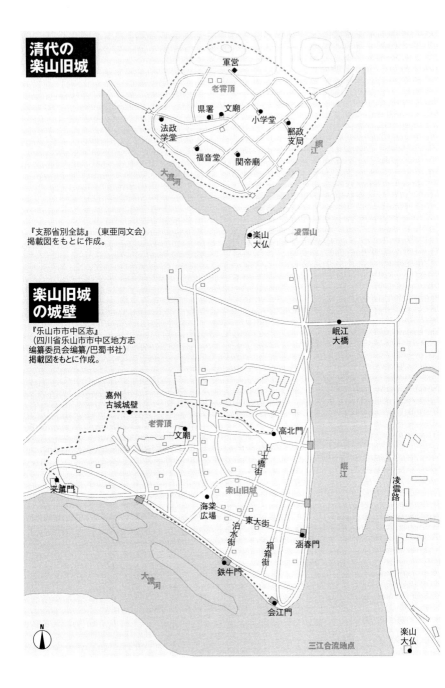

旅游広場／乐山旅游广场 ★☆☆
lè shān lǚ yóu guǎng chǎng
りょゆうひろば／ラアシャンリュウヨウグウチャアン

　岷江と大渡河の合流点、ちょうどくちばし状となった楽山旧城の先端部に整備された旅游広場。かつて、治水の神さまをまつる簫公廟が近くの会江門内に立っていて、「簫公嘴」と呼ばれていた。対岸には楽山大仏が位置する。

会江門／会江门 ★☆☆
huì jiāng mén
かいこうもん／フゥイジィアンメン

　明代の嘉州古城10の城門のひとつである会江門。会江門とは「河川が出会う門」という意味で、ちょうど重慶の朝天門と同じ性格をもつ(建設当初は三江がまじわるところから三江門と呼ばれていた)。明清時代、船の発着する碼頭があり、あたりは港町のにぎわいを見せていた。ここから北に向かって箱箱街が走る。

隠された涅槃大仏

　仏教の開祖ブッダは死にあたって、沙羅双樹のもとで横になり、涅槃仏ではブッダが死を迎えるその様子が描かれている。楽山には、楽山大仏とは別に、大仏を内包するように、巨大な涅槃仏が横たわっているという。三江合流点あたりから見ると、涅槃仏の頭にあたる「烏尤山」、仏身にあたる「凌雲山(楽山大仏)」、足に見えるその左の岩の連なりがならぶ(烏尤山が仏頭で、景雲亭がブッダのまつげ、凌雲山の棲鸞、集鳳のふたつの峰が仏胸、霊宝峰がお腹と太ももだという)。長さは1300mになり、この楽山の涅槃大仏は「巨型睡仏(巨大な涅槃仏)」「◯型睡仏(隠された涅槃仏)」と呼ばれる。

鉄牛門／铁牛门 ★☆☆
tiě niú mén
てつぎゅうもん／ティエニィウメン

　嘉州古城の南門(正門)にあたり、麗正門の名前で知られた鉄牛門。この門は宋代からあったとされ、明代の1394年の洪水で破壊されたのちに再建された。泊水街の南端に位置し、外は碼頭で民船が雲集していたという。高さ11m、幅8m(門の高さ5m、幅4m)で、人の往来できるアーチ状の洞穴が空いた基壇のうえに、楼閣が載る様式となっている。鉄牛門という名称は、水を鎮め、火をさけるため、ふたつの巨大な鉄の水牛がおかれたことに由来する(中国では、牛は水を飲み、洪水を解決すると考えられている)。

箱箱街／箱箱街 ★☆☆
xiāng xiāng jiē
しょうしょうがい／シィアンシィアンジエ

　会江門の北側を走る長さ300mほどの箱箱街。明清時代、この通りには察署衙門があったことから察院街と呼ばれていた(また銅店舗が多かったため、打銅街ともいった)。箱箱街という名称は、日中戦争時期、段ボール箱が必要となり、この通りで多くの段ボール箱がならべられたことによる。明清時代から港町のにぎわいを見せ、現在でも通りの両脇に店舗がならぶ。

東大街／东大街 ★☆☆
dōng dà jiē
ひがしだいがい／ドォンダアジエ

　楽山旧城の中心部から、楽山港碼頭へと東西に伸びる東大街。ここは明清時代から楽山屈指の繁華街だったところで、東大街に続く玉堂街、その近くの鷺婼街、箱箱街、板廠街、順城街あたりが楽山旧城の中心地であった。かつてこのあたりには同郷者の集う広東会館、浙江会館、陝西会館や、

楽山旧城は楽山大仏への足がかりとなる

岷江、大渡河、青衣江の交わる三江合流地点

かつて城門と城門をつなぐ城壁がめぐらされていた

寶華園、扁額では繁体字が使われている

合流点に近い箱箱街

清真寺(板廠街)があり、多くの商人でにぎわっていた。現在でも楽山料理店や小吃店がずらりとならぶ。

涵春門(観仏楼)／涵春门 ★☆☆
hán chūn mén
かんしゅんもん(かんぶつろう)／ハァンチュンメン

　岷江にのぞみ、楽山旧城の東門にあたった涵春門。建物の赤い基壇半分が岷江にせり出し、そのうえに黄色の瑠璃瓦を載せる。このあたりは明清時代から商船の集まる碼頭だったところで、現在も近くに楽山港碼頭が位置する(涵春門からなかに入ると、楽山旧城最大の繁華街であった東大街にいたった)。対岸に楽山大仏が位置することから、「大仏を眺める楼閣」という意味で観仏楼ともいう。

楽山港碼頭／乐山港码头 ★☆☆
lè shān gǎng mǎ tóu
らくさんこうまとう／ラアシャンガァンマアトゥオウ

　涵春門(観仏楼)近くに位置する楽山港碼頭。岷江と大渡河の合流点近くに位置し、明清時代からこのあたりには港があった。かつては巨石が川底にあり、しばしば船を壊したため、竹筏も利用されたという。成都、宜賓、雅安方面の船が往来し、長江を遡行する汽船はここ楽山港が終点だった(楽山より上流は川が浅くなるため、小さな船が利用された)。楽山港碼頭から楽山大仏近くまで行く遊覧船が出ているほか、三江合流点を船でめぐる「夜游三江」もある。

嘉州古城城壁／嘉州古城墙 ★☆☆
jiā zhōu gǔ chéng qiáng
かしゅうこじょうじょうへき／ジィアチョウグウチャンチィアン

　楽山旧城(嘉州古城)は北周の579年に造営され、北宋時代にも大渡河にのぞむ南側が修建されてきた。明代に入ってから、柵や石で堤防がつくられたが、明の1511年に城壁が整備

された。この明代の城壁は、楽山旧城の地形(勾配)にあわせて走り、現在も3500mほどの城壁と人和門をはじめとした城門が残っている。城壁の高さは最低5m～最高25mほどで幅は3.5mになり、この地方で産出された素材の赤砂岩が使われているため、楽山大仏と同じ色をしている。作家郭沫若は自伝のなかで「嘉定をめぐらす赤い城壁の姿もしだいに大渡河の左岸に現れてくる。高くそびえた、甍の舞いおどる城楼、くろぐろといかめしい城門の洞口」と記している。楽山には、岷江沿いなどに残る内城の城壁(嘉州古城城壁)と、清代の太平天国(1851～64年)に乗じた賊の乱を防ぐために築かれた外城があった。

拱辰門／拱辰门 ★☆☆
gǒng chén mén
つうしゅう／ゴォンチェンメン

上土橋街の東側を走る順城街に残る拱辰門。拱辰門とは北極星の門を意味し、会江門、箱箱街から伸びる楽山旧城の中軸線上にあった。赤砂色製のこぶりなたたずまいをしている。

海棠広場／海棠广场 ★☆☆
hǎi táng guǎng chǎng
かいどうひろば／ハァイタァングゥアンチァアン

楽山市街の中心、楽山大仏と向かいあうように立つ海棠広場。もともとこのあたりには清代、道署(地方行政府の道台衙門)などの行政機関があり、街にときを告げる鼓楼も近くに立っていた。その鼓楼の扁額には「海棠香国」と書かれていて、現在は鼓楼街が広場の東から北にかけて走る。海棠広場という名称は、この街が「海棠香国」と呼ばれたことに由来し、東大街、涵春門(楽山港)へ続くこの地に、街のランドマークとして整備された。亭や長廊が見られ、市民の憩いの場となっている。

桂花楼巷／桂花楼巷 ★☆☆
guì huā lóu xiàng
けいかろうこう／グゥイファアロゥウシィアン

　楽山旧城の北門にあたる高北門から、高標門方面に向かって走る細い路地の桂花楼巷。このあたりは明清時代の楽山旧城の面影を残し、明代の城壁やこの地方の民居の姿が見られる杜家大院も位置する。

杜家大院／杜家大院 ★☆☆
dù jiā dà yuàn
とけだいいん／ドゥジィアダアユゥエン

　杜家大院は、四川省南西部で見られる伝統的な二進式四合院の建築。杜家は清朝雍正帝(1723～35年)時代に楽山に遷ってきて、お米売り(米舗)を商いとした。そして、咸豊(1850～61年)年間にこの杜家大院が建てられた。

大渡河／大渡河 ★☆☆
dà dù hé
だいとが／ダアドゥハア

　大渡河は、青海省から南東に向かって流れ、楽山で岷江と合流する。全長1070km、岷江最大の支流で、流れは岷江よりも急なため、合流地点では水害が起こりやすかった。大雨のあとは岷江よりも、水が高くなり、しばしば洪水をもたらしたことから、楽山旧城南岸には洪水対策の柵や城壁がつくられてきた。楽山大仏はこの大渡河の流れを受けとめるように鎮座する。大渡河が岷江に合流する直前にある中洲は、大仏壩という。

沫若広場／沫若广场 ★☆☆
mò ruò guǎng chǎng
まつじゃくひろば／モオルゥオグゥアンチャン

　楽山旧城西門(来薫門)が整備された沫若広場。かつて城門

三江合流地点に船で繰り出す

パンダのぬいぐるみが見える

東大街の小吃店、料理も楽山の大きな魅力

楽山大仏への遊覧船乗り場

楽山旧城の売店の店頭にて

のすぐ外には碼頭があり、また西門から北西に伸びる陝西街には、秦晋商人の拠点があった(陝西省と山西省の商人で、秦晋会館も位置した)。楽山旧城の西門外から郭沫若の故郷である沙湾に向かって道が続き、そのことは郭沫若の自伝にも記されている。

文幼章故居／文幼章故居★☆☆
wén yòu zhāng gù jū
ぶんようしょうこきょ／ウェンヨウチャングウジュウ

　カナダのキリスト教宣教師である文幼章(ジェームス・ガレス・エンディコット)が幼少期を過ごした文幼章故居。文幼章は宣教師の父がこの地に派遣されたことがきっかけで、1898年、ここ四川省楽山の白塔街で生まれた。四川省でキリスト教の布教とともに英語、数学などを教えて、医学、農業、新聞などの分野で業績を残している。蒋介石の国民党との交流、またその後、共産党の支持者となり、共産党の周恩来とも交友を深めた。

青衣江／青衣江★☆☆
qīng yī jiāng
せいいこう／チンイイジアン

　青衣江は楽山で合流する3つの河川のひとつで、楽山大仏にいたる直前で大渡河に合流する。青衣という名前は、この地ではじめて王を称した蚕叢(縦目の王)のことで、烏尤山にこの神さまをまつる青衣中峰があった。また漢代、雅安に青衣県がおかれるなど、四川省雅安の古名でもある。青衣江は雅安方面から楽山に流れてきて、この地が黄河中流域から見て、異民族の暮らす地でもあったため、蛮江とも呼ばれた。

老霄頂鑑賞案内
Lao Xiao Ding

楽山旧城の背部にそびえる高標山
ここからは楽山の美しい山水が見れ
この街を代表する景勝地として知られてきた

老霄頂文化公園／老霄頂文化公園 ★★☆
lǎo xiāo dǐng wén huà gōng yuán
ろうしょうちょうぶんかこうえん／ラァオシィアオディンウェンフゥアゴォンユゥエン

　楽山旧城(嘉州古城)の最高地点である高標山を利用して整備された老霄頂文化公園。「智者楽山、仁者楽水」というように、ここは楽山の美しい山水双方を望むことができる景勝地で、文人墨客に愛されてきた。老霄頂は、唐以前は高標山といい、宋代から高望山、また万景山と呼ばれるようになった。老霄頂には、北周(557〜581年)に創建をさかのぼる道観の神霄玉清宮が立ち、楽山の道教の拠点となってきたほか、文廟、万寿観、霊官楼、万景楼という老霄頂建築群が残る(「老」とは廟観が古いこと、「霄」とは神霄玉清宮のことを意味する)。郭沫若は自伝のなかで、「試験の期間中、わたしたちはよく城内の高標山に遊びに行った。山は府城の西部にあり、その名の示すように、他のどこよりも高かった。そこから城内を見おろせたし、四方の遠景も眺望できた」と記している。楽山の自然と文化が一体となった老霄頂の建築の保護と整備が進み、2018年に老霄頂文化公園として開園した。

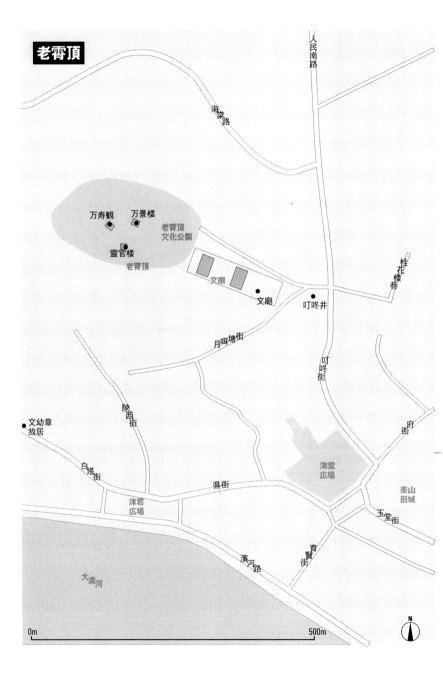

楽山文廟／乐山文庙 ★★☆
lè shān wén miào
らくざんぶんびょう／ラアシャンウェンミィアオ

　学問の神さま孔子をまつる楽山文廟(嘉定府文廟)は、唐代618年の創建で、当初は州治南の育賢門外(霊正門の西隣)にあった。宋元時代も引き続き、その場所にあったが、明の洪武帝(在位1368〜98年)年間に大渡河の洪水によって破壊をこうむり、知州の楊仲欽が今の龍頭山に重建した。その後の1464年に現在の場所に遷ったため、楽山文廟には3度の変遷があった(近代、軍閥と国民党政府の軍事基地となり、文革のときにも破壊された)。泮池、欞星門、大成殿、崇聖祠、崇文閣がならぶ中国伝統の宮殿様式をもち、その中心に孔子像を安置する大成殿が位置する。大成殿は幅30m、奥行き20.7m、高さ14.1mの規模をもち、直径1mほどの柱が28本立つ。

万寿観／万寿观 ★☆☆
wàn shòu guān
まんじゅかん／ワンショウグゥアン

　高標山の山頂に立つ、楽山でもっとも由緒正しい道教寺院の万寿観。北周(557〜581年)の創建で、当初は弘明観とい

★★★
楽山旧城／嘉州古城 jiā zhōu gǔ chéng ジィアチョウグゥチャン

★★☆
老霄頂文化公園／老霄顶文化公园 lǎo xiāo dǐng wén huà gōng yuán ラアオシィアオディンウェンフゥアゴォンユゥエン
楽山文廟／乐山文庙 lè shān wén miào ラアシャンウェンミィアオ
万景楼／万景楼 wàn jǐng lóu ワンジンロォウ

★☆☆
万寿観／万寿观 wàn shòu guān ワンショウグゥアン
霊官楼／灵官楼 líng guān lóu リィングゥアンロォウ
叮咚井／叮咚井 dīng dōng jǐng ディンドンジン
海棠広場／海棠广场 hǎi táng guǎng chǎng ハァイタングゥアンチャアン
桂花楼巷／桂花楼巷 guì huā lóu xiàng グゥイファアロォウシィアン
大渡河／大渡河 dà dù hé ダアドゥハア
沫若広場／沫若广场 mò ruò guǎng chǎng モオルゥオグゥアンチャン
文幼章故居／文幼章故居 wén yòu zhāng gù jū ウェンヨウチャングゥジュウ

明清時代の楽山を思わせる楼閣が新たに建てられた

山水の美しさは四川随一という

岷江と大渡河が合流する様子が見える

楽山は西郊外の峨嵋山とあわせて仏教の聖地でもある

い、唐代に開元観、宋代に神霄玉清宮となった。神霄派とは北宋の徽宗のときに、出てきた道教の一派で、天に九霄があって、その最高天が神霄であり、神霄玉清王がこの世に降って徽宗となったという説を唱えた(宋代、全国に神霄玉清万寿宮がおかれた)。元末明初の妙玉珍のときに神霄玉清宮は破壊され、現在の建物は明代の修建でそのときから万寿観となった。その後、清朝の1688年に、楽山知州高仰昆が重修し、嘉慶帝(在位1796～1820年)年間に玉皇神像がおかれて玉皇閣となった。道教の最高神である玉皇大帝がまつられ、窓の周囲からは心地よい風がふいてくる。明清時代、このあたりでは火や夏をつかさどる炎帝会が行なわれていた。

万景楼／万景楼 ★★☆
wàn jǐng lóu
まんけいろう／ワァンジィンロウ

　高標山の山頂付近に立ち、「西南第一楼」とたたえられる万景楼。北宋(960～1127年)の嘉州刺史の呂由誠が建てたもので、目の前には山、河、月、船など、あらゆる景色が視界に入る。范成大(1126～93年)の『呉船録』の記述にも、「万景楼を遊覧する。州城のほとりのやや高い丘の上にある」「(楽山は)山水の眺望において四川の豪なるものであるが、万景楼から見たところはさらにまた全州第一である」と記されている。高さ8.2m、幅10.5m、奥行き9.6mで、明清時代に何度か修建されていて、現在の万景楼は万寿観の下にあり、その一部分となっている。郭沫若が少年時代に、ここで読書をしたという。

霊官楼／灵官楼 ★☆☆
líng guān lóu
れいかんろう／リィングゥアンロウ

　万景楼の下に立ち、霊祖殿とも呼ばれる霊官楼。楼閣の幅8mで、四隅のそりかえった屋根、白の漆喰壁のたたずまい

を見せる。霊官楼という名称は、清朝嘉慶帝(在位1796〜1820年)年間に鉄霊官の所在地となったことに由来し、祈雨をした場所でもある。

叮咚井／叮咚井 ★☆☆
dīng dōng jǐng
ていとうい／ディンドォンジィン

　老霄頂麓を走る月呃塘街に残る叮咚井。池の近くに清水がわく井戸があり、あふれた水が「叮咚(ディンドォン)」と音をたてるので、この名前で呼ばれるようになった。近くには赤い柵があり、「文廟の前に半円形の池(月呃塘)がふたつあり、池のまわりは赤い石の欄干をめぐらしてある。この池があるので、文廟付近の区域を月児塘とよぶわけだ」と郭沫若は記している。同音で、月呃塘は月児塘、叮咚井は叮東井といい、「叮東井」の扁額が亭に見える。

Min Jiang Da Qiao
岷江大橋城市案内

**楽山旧城の北門外は
岷江をはさんで張公橋や嘉定坊などの
楽山の新たなスポットが見られるようになった**

嘉定南路／嘉定南路 ★☆☆
jiā dìng nán lù
かていなんろ／ジィアディンナァンルウ

　楽山市街を南北に走る大動脈の嘉定南路。嘉定南路の南端は楽山旧城南門の麗正門になり、そこから北に通りが伸びていく。楽山交通網の整備は、1928年、成都と楽山(嘉州)を結ぶ成嘉馬路の開通がきっかけとなり、楽山旧城の城門や城壁が撤去され、車の往来する嘉定南路、中路、北路がこの街で屈指の繁華街となった(1951年に高北門、1958年に嘉楽門が排斥された)。

楽山聖心堂／乐山圣心堂 ★☆☆
lè shān shèng xīn táng
らくさんせいしんどう／ラアシャンシェンシィンタァン

　キリスト教の四川省天主教楽山教区がおかれている楽山聖心堂。楽山ではアヘン戦争後の1860年からキリスト教布教がはじまり、1880年、フランス人宣教師が、護国寺街近くの紫雲街にキリスト教会を修建した(キリスト教徒は、楽山旧城の北門である高北門あたりを拠点とした)。護国寺街の楽山聖心堂がカトリックであるのに対して、プロテスタントの楽山市基督教礼拝堂も近くに立つ。

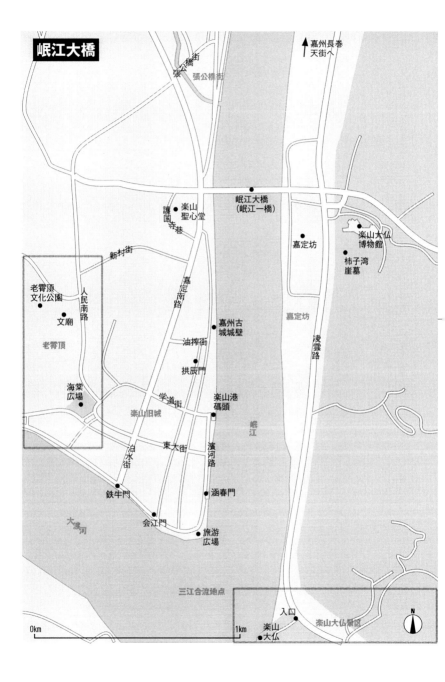

張公橋街／张公桥街 ★☆☆

zhāng gōng qiáo jiē
ちょうこうきょうがい／チャンゴォンチャオジエ

　明清時代、張公橋は岷江へ流れる渓流の南北を結ぶ渡河地点だったが、嘉定路上に北門橋ができると人の往来はそちらに遷った。この張公橋あたりには2000年ごろから、飲食店が集まりはじめ、楽山甜皮鴨、蹺脚牛肉といった楽山名物料理を出す店、火鍋店、小吃店、四川料理店や中国地方料理店などがずらりとならぶ。長さ1500mほどの張公橋街は、張公橋好吃街、楽山夜宵一条街とも呼ばれる。

★★★
楽山旧城／嘉州古城 jiā zhōu gǔ chéng ジアチョウグウチャン
楽山大仏景区／乐山大佛景区 lè shān dà fú jǐng qū ラアシャンダアフウジンチュウ
楽山大仏／乐山大佛 lè shān dà fú ラアシャンダアフウ

★★☆
嘉定坊／嘉定坊 jiā dìng fāng ジアディンファン
老霄頂文化公園／老霄顶文化公园 lǎo xiāo dǐng wén huà gōng yuán ラアオシアオディンウェンフゥアゴォンユゥエン
楽山文廟／乐山文庙 lè shān wèn miào ラアシャンウェンミィアオ

★☆☆
嘉定南路／嘉定南路 jiā dìng nán lù ジアディンナァンルウ
楽山聖心堂／乐山圣心堂 lè shān shèng xīn táng ラアシャンシェンシィンタァン
張公橋街／张公桥街 zhāng gōng qiáo jiē チャンゴォンチャオジエ
嘉州長巻天街／嘉州长卷天街 jiā zhōu cháng juǎn tiān jiē ジアチョウチャンジュアンティエンジエ
楽山博物館／乐山博物馆 lè shān bó wù guǎn ラアシャンボオウウグゥアン
柿子湾崖墓／柿子湾崖墓 shì zi wān yá mù シイズウワンヤアムウ
岷江／岷江 mín jiāng ミィンジィアン
旅游広場／乐山旅游广场 lè shān lǚ yóu guǎng chǎng ラアシャンリュウヨウグゥチャアン
会江門／会江门 huì jiāng mén フゥイジィアンメン
鉄牛門／铁牛门 tiě niú mén ティエニィウメン
東大街／东大街 dōng dà jiē ドンダアジエ
涵春門（観仏楼）／涵春门 hán chūn mén ハァンチュンメン
楽山港碼頭／乐山港码头 lè shān gǎng mǎ tóu ラアシャンガァンマアトォウ
嘉州古城壁／嘉州古城墙 jiā zhōu gǔ chéng qiáng ジアチョウグウチャンチィアン
拱辰門／拱辰门 gǒng chén mén ゴォンチェンメン
海棠広場／海棠广场 hǎi táng guǎng chǎng ハアイタァングゥアンチャアン
大渡河／大渡河 dà dù hé ダアドゥハア

楽山旧城と楽山大仏を結ぶ岷江大橋

凌雲路に立つ巨大な牌楼

キリスト教会の後ろに高層マンションが立つ

楽山の崖墓に残された漢代の画像石

嘉定坊／嘉定坊★★☆
jiā dìng fāng
かていぼう／ジィアディンファン

　楽山大仏と市中区を結ぶ岷江大橋(一橋)近く、岷江左岸に位置する嘉定坊。1996年の楽山大仏の世界遺産登録を受けて、この地方の文化、食、建築を紹介する目的で、2011年につくられ、明清時代の楽山(嘉定府)の街が再現されている。ショッピングと娯楽、観光がテーマの「嘉定古坊」「青衣里」「望月堂」といったエリアからなり、商店、料理店、小吃店などが集まる。黒の屋根瓦、白の漆喰壁、雨をさけるため軒先までに伸びたひさし、木の柱、梁で組まれた四川西部の民居が見られる。嘉定とは1195年に定められた楽山の古名のこと。

嘉州長巻天街／嘉州长卷天街★☆☆
jiā zhōu cháng juàn tiān jiē
かしゅうちょうかんてんがい／ジィアチョウチャンジュアンティエンジエ

　岷江左岸の碧山路沿いに伸びる一条の通り、嘉州長巻天街。嘉楽門から岷江大橋へ向かって走り、楽山版の清明上河図「嘉州長巻」が再現されている。明清時代を思わせる街並みは、四川伝統建築の様式をもち、美食店や小吃店、各種店舗が入居する。

楽山博物館／乐山博物馆★☆☆
lè shān bó wù guǎn
らくさんはくぶつかん／ラアシャンボオウグゥアン

　市街から楽山大仏へ続く、凌雲路の途上に立つ楽山博物館。世界遺産の楽山大仏にまつわる展示、楽山大仏のミニチュアやこの地を訪れた文人を紹介する「楽山大仏陳列館」、この地方で育まれた芸術がならぶ「陶瓷石刻芸術館」、郭沫若をはじめとする書画を集めた「書画芸術館」などからなる。博物館の建築は山と一体化した楽山大仏、崖墓といっ

た要素をとり入れ、この地方で産出される赤砂岩が使われている。

柿子湾崖墓／柿子湾崖墓 ★☆☆
shì zi wān yá mù
ししわんがいぼ／シイズウワンヤアムウ

　柿子湾崖墓は、岷江沿いの柿子湾に開削された崖墓石刻。崖をうがって墓をつくるこの地方独特のもので、後漢代から南北朝にかけての崖墓が残る。柿子湾崖墓の墓室の全長は34.4mで、朱雀、アライグマ、嘉魚（イワナ）といった動物の画像石刻が刻まれ、当時の宗教観、死生観を見てとれる。柿子湾崖墓と麻浩崖墓はじめ、肖壩崖墓、白崖山崖墓などの崖墓が楽山に集まり、漢族の文化とは異なることから、蛮子洞とも呼んだ。

Kyokudai Daibutsu
極大大仏誕生の物語

高さ71mという楽山大仏
西には仏教四大名山のひとつ峨嵋山があり
それを遠く見つめるように西向きに鎮座する

大仏が誕生した場所と時代

　四川楽山の地には、古くは非漢族の古蜀国があり、西暦1世紀前後に仏教が伝わったという。南北朝時代になっても、「僚人(漢族と異なる西南夷)が暮らし、僚人と漢人が雑居していた」という502年の記録も残っている。続く隋唐時代になると、四川は西の吐蕃(チベット)、南の南詔(チベット・ビルマ語系の王国)に隣接する国境地帯の最前線となっていて、楽山は成都を防衛するための拠点であった(唐の869年、南詔の攻撃で楽山が陥落するという事件もあった)。唐王朝は、辺境の地に軍事力をそなえた節度使を配置したが、四川ではこの地を21年ものあいだ統治した剣南西川節度使の韋皋(745〜805年)が知られる。韋皋は吐蕃(チベット)に従属していた南詔を、唐に帰順させるなど、吐蕃への外交と軍事で大きな成果をあげた。そして、この剣南西川節度使の韋皋が楽山大仏の誕生に大きく関わることになる。また四川省には、楽山大仏のほかにも、高さ21.4mの資陽大仏(唐代)、高さ36.7mの栄県大仏(北宋)など、唐代から宋代にかけて造営された大仏が残っている。

造仏への思い

　内陸の四川では水路が交通網となり、三江合流点にある

楽山は、四川有数の交通の要衝であった。岷江に大渡河がまっすぐに突きあたる合流点は急流となり、水上交通の難所として知られていた。とくに夏になると大渡河の洪水が押し寄せ、船が転覆、農地は破壊、楽山旧城にも水害がおよんでいた。こうしたなか、唐代、貴州出身で、この地の凌雲山に庵を結んでいた海通和尚は、「大仏をつくってその力で洪水を沈め、水害を防ごう」と一念発起した。海通和尚は資金集めを開始し、長江流域やまたその南北、各地をまわって20年間でそれなりの資金を集めた。しかし、そのとき楽山には悪い役人がいて、大仏造営の資金を賄賂として差し出すように求めてきた。海通和尚は、「私の目をえぐり出すことはできても、仏さまのためのこのお金を渡すことはできない」と答えた。悪役人はそれでも賄賂をせまってきたので、海通和尚は自ら目をえぐり出して、皿に入れて役人へ渡した。

90年の月日をかけて

楽山大仏は、713年、海通和尚の発願によって造像がはじまった。しかし、海通和尚は大仏の頭部から肩の部分までができたところで、なくなった。造仏は、この地方の節度使(剣南西川節度使)で、仏教を信仰する章仇兼瓊、韋皋と受け継がれていき、韋皋は自ら50万両の銀を拠出、塩や麻の税金を加えて大仏の膝部、蓮華台などをつくっていった。こうして、楽山大仏は803年に完成し、海通和尚が造仏をはじめてから90年の月日が過ぎていた。楽山大仏が建てられたのは、玄宗(在位712～756年)の時代にも重なり、前半は開元の治といって、唐(618～907年)王朝最高の時代でもあった。後半は、地方の節度使が力をもつようになり、安史の乱が起きたことで、756年から15か月間、玄宗は四川に逃れ、混乱のなか成都府は「(長安に対する)南の都」南京と称した。また同じ四川盆地にある重慶の大足北山石刻も、唐末の892年に開削され、それをはじめた韋君靖も韋皋と同様の韋氏で、節度使であった。

膝においた巨大な手、高さ71mの大仏

大仏足元の仏頭灘で岷江に大渡河が流れこむ

右の参拝客とくらべると足の大きさが際立つ

頭の長さ14.7m、耳の長さ7mという巨大さ

文人に愛されてきた

　3つの河川が集まり、凌雲山、高標山などの起伏ある地形をもつ楽山は、四川屈指の風光明媚の地として知られ、多くの文人に愛されてきた。楽山の北55kmの眉州で生まれた蘇東坡ゆかりの地であるほか、楽山の山水に月に出る様子は「嘉州夜月」として知られてきた。また「峨眉山月半輪秋/影入平羌江水流/夜発清渓向三峡/思君不見下渝州」の『峨眉山月歌』(李白)は、725年、楽山の平羌江のほとりで、峨嵋山にかかる半月を眺めたところを詠んだものだとされる(平羌小三峡あたりの岷江。清代になるまで岷江が長江本流だと考えられていた)。四川江油を出発した25歳ごろの李白は、岷江沿いの駅を発ち、三峡に向かって渝州(重慶)へくだっていった。また近代中国を代表する作家、学者である郭沫若は、楽山の西25kmの沙湾を出身地とする。

Le Shan Da Fu
楽山大仏鑑賞案内

**山は一尊の仏なり、仏は一座の山なり
凌雲山を頂部から彫り出して完成した楽山大仏
高さ71mの超巨大大仏を中心に景勝地が集まる**

楽山大仏景区／乐山大佛景区★★★
lè shān dà fu jǐng qū
らくさんだいぶつけいく／ラアシャンダアフウジンチュウ

　古くから「天下の山水は蜀(四川)にあり。蜀の山水は嘉州(楽山)にあり。嘉州(楽山)の山水は凌雲山にあり」と言われてきた。この凌雲山が楽山大仏景区となっていて、世界遺産の「楽山大仏」はじめ、多くの景勝地が点在し、周囲には後漢代の「麻浩崖墓」、秦の李冰が築いた中洲の「秦代離堆」、そこに立つ「烏尤寺」も見られる。楽山大仏の右手の崖にある九曲桟道を下っていくと、大仏足元にいたり、目の前には岷江が流れている。この凌雲山は、唐宋以来、李白、陸游、蘇東坡、楊雄、岑参、黄庭堅といった文人に詠まれてきた。

凌雲山／凌云山★☆☆
líng yún shān
りょううんさん／リィンユンシャン

　楽山旧城の対岸、岷江東岸にそびえ、楽山大仏の造営された凌雲山(雲をしのぐ山)。古くは青衣山と呼ばれ、また9つの峰が次々に連なっている姿から九頂山とも呼ばれた(明代「小九巍」といい、9つの峰それぞれに寺院があったという)。高さ448mで、それほど高くなく、この凌雲山の西壁に楽山大仏は開削された。山頂には、唐代に大仏を開削した海通和尚ゆかりの凌

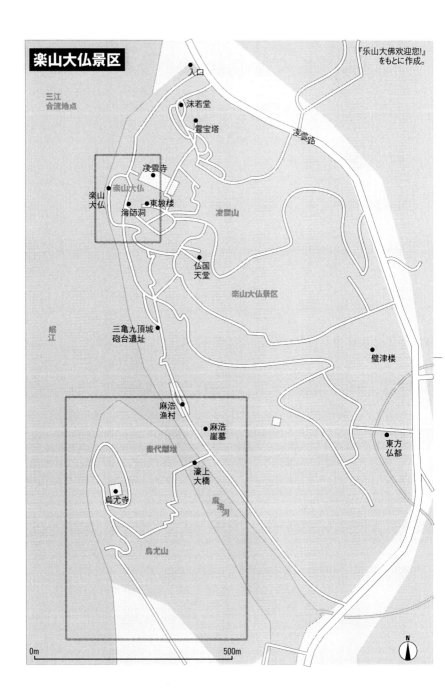

雲寺も残る。凌雲山への山門扁額には郭沫若が書いた「天下山水在蜀、蜀之山水在嘉州」の文言が見える。

凌雲寺／凌云寺★☆☆
líng yún sì
りょううんじ／リィンユゥンスウ

　唐代の713年の大仏造営の開始とともに拡建された仏教寺院の凌雲寺。凌雲山の頂上に立ち、もともと海通和尚がこのあたりに庵を構えていたという。唐代に嘉州刺史をつとめた岑参が『登嘉州凌雲寺』のなかで山頂から三江が流れる様子を詠むなど、楽山を代表する仏教寺院だった。この凌雲寺は843年、会昌の廃仏で被害にあったが、その後、再建され、現在の伽藍は清代の1667年に修建されたもの。蘇東坡の書による「凌雲禅院」、「大江東去、仏法西来（川は東に流れ、仏法は西から来る）」の対聯が記されている。おなかの大きな弥勒仏の見える「天王殿」、釈迦牟尼三身像を安置する明代の建

★★★
楽山大仏景区／乐山大佛景区 lè shān dà fú jǐng qū ラアシャンダアフウジィンチュウ
楽山大仏／乐山大佛 lè shān dà fú ラアシャンダアフウ

★★☆
麻浩漁村／麻浩渔村 má hào yú cūn マアハァオユゥチュン
烏尤寺／乌尤寺 wū yóu sì ウウヨウスウ

★☆☆
凌雲山／凌云山 líng yún shān リィンユンシャン
凌雲寺／凌云寺 líng yún sì リィンユゥンスウ
東坡楼／东坡楼 dōng pō lóu ドンポオロウウ
海師洞／海师洞 hǎi shī dòng ハァイシイドン
霊宝塔／灵宝塔 líng bǎo tǎ リィンバァオタア
沫若堂／沫若堂 mò ruò táng モオルゥオタァン
仏国天堂／佛国天堂 fú guó tiān táng フウグゥオティエンタァン
璧津楼／壁津楼 bì jīn lóu ビイジンロウ
三亀九頂城砲台遺址／三龟九顶城炮台遗址 sān guī jiǔ dǐng chéng pào tái yí zhǐ サァングゥイジィウディンチェンパァオタアイイイチイ
麻浩崖墓／麻浩崖墓 má hào yá mù マアハァオヤアムウ
東方仏都／东方佛都 dōng fāng fú dōu ドンファンフウドウ
濠上大橋／濠上大桥 háo shàng dà qiáo ハァオシャンダアチィアオ
烏尤山／乌尤山 wū yóu shān ウウヨウシャン
秦代離堆／秦代离堆 qín dài lí duī チィンダァイリイドゥイ
岷江／岷江 mín jiāng ミィンジィアン

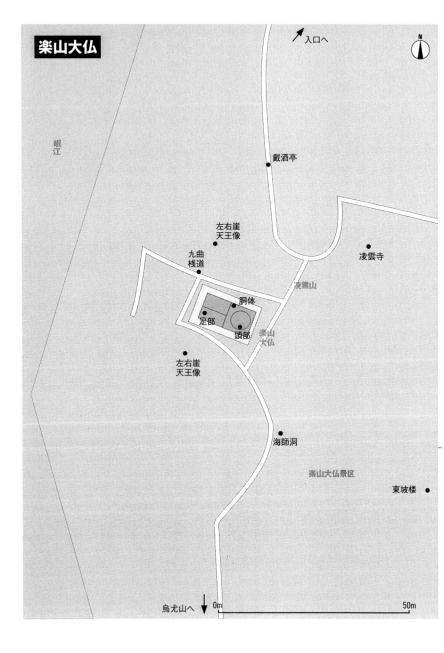

築「大雄宝殿」、1930年に建てられた「蔵経楼」がならぶ三重式四合院建築となっている。楽山大仏にちなんで、大仏寺ともいう。

楽山大仏／乐山大佛 ★★★
lè shān dà fú
らくさんだいぶつ／ラアシャンダアフウ

　唐代の713年、この地の仏教僧、海通和尚の発願からはじまって、90年の月日をかけて803年に完成した楽山大仏。石彫では世界最大の弥勒坐像で、その高さは71mになり、岷江、大渡河、青衣江という三江を踏みしめるように立つ。凌雲山の頂部がちょうど大仏の頭上と重なり、そこから下に向かって彫り進められた。凌雲山の赤砂岩がむき出しになっていて、大仏本体は赤い肌をもつ（楽山大仏の彫られた地層は、今から1億4000万年前の白亜紀につくられた地層だという）。宋代にこの地を訪れた范成大（1126〜93年）は「およそ天下の仏像として作り得る最大のものである」と記し、当初は大仏を風雨から守る楼閣の大像閣も立っていた。国家的事業である雲崗石窟や洛陽石窟の大仏と違って、海通和尚というひとりの和尚が安全祈願のため開削したこと、90年という長い年月をかけて完成したことを特徴とする。楽山大仏が、足を少

★★★
楽山大仏景区／乐山大佛景区 lè shān dà fú jǐng qū ラアシャンダアフウジンチュウ
楽山大仏／乐山大佛 lè shān dà fú ラアシャンダアフウ
★★☆
楽山大仏頭部／乐山大佛头部 lè shān dà fú tóu bù ラアシャンダアフウトオブブウ
楽山大仏胴体／乐山大佛躯干 lè shān dà fú qū gàn ラアシャンダアフウチュウガァン
楽山大仏足部／乐山大佛脚部 lè shān dà fú jiǎo bù ラアシャンダアフウジィアオブウ
九曲桟道／九曲栈道 jiǔ qū zhàn dào ジィウチュウチャンダァオ
★☆☆
凌雲山／凌云山 líng yún shān リィンユンシャン
左右崖天王像／左右崖天王像 zuǒ yòu yá tiān wáng xiàng ズゥオヨウヤアティエンワンシィアン
凌雲寺／凌云寺 líng yún sì リィンユンスウ
東坡楼／东坡楼 dōng pō lóu ドンポオロォウ
海師洞／海师洞 hǎi shī dòng ハァイシイドン
岷江／岷江 mín jiāng ミィンジィアン

し広げて坐った倚坐の姿で、悠然と見守るなか、船が岷江を往来する。

弥勒仏とは

楽山大仏に彫られた弥勒仏は、釈迦についで仏になることが約束されている存在。弥勒仏は弥勒菩薩ともいい、56億7000万年後にこの世にくだって人びとを救済するという。弥勒仏という名称は、サンスクリット語のマイトレーヤから音訳されたもので、古代インドの『ヴェーダ』、ゾロアスター教の太陽神ミトラの影響を受けて生まれた。インドからパミール、そして中国に伝播し、中国では北魏(386〜534年)の時代、雲崗や龍門などの石窟寺院に釈迦とともに数多く彫られた。自然災害や悪政の害をとりのぞく現世利益的な思い、また亡き夫のため、亡き息子のためといった思いから造仏が進んだ。中国では、弥勒がいつかこの世に下生するというメシアニズムとも結びつき、白蓮教徒など民衆反乱の信仰的よりどころとなったこともある。7〜8世紀の日本でも多くつくられ、広隆寺や中宮寺の半跏思惟像が弥勒仏となっている。

風化のなかで

唐の803年に楽山大仏が完成したとき、大仏は、珠玉や宝石でかざられ、壮麗な姿であったという。この大仏を風雨から守るため、当初は柱と柱のあいだが60mあり、13層からなる大像閣でおおわれていた。しかし、この楼閣は明末の張献忠の反乱で焼き払われ、身体の色、装飾も被害を受けた。ただ大仏本体はことなきを得て、このときから露天仏となった。その後、直射日光や風雨にさらされたことで、大仏の鼻は黒ずみ、胸はこけや青草でおおわれ、頭部の螺髪にも亀裂ができるなど、傷みも見られる。唐代に完成した楽山大仏

嘉州(楽山)の山水は凌雲山にあり

1021の螺髪が頭部を彩る

肩幅28m、胸には青草がしげる

左右崖天王像、軍神的性格の毘沙門天だという

この足には100人以上載ることができるという

足を少し広げて坐る堂々とした倚坐の姿勢

は、その姿を変えながら、現在にいたる。

楽山大仏頭部／乐山大佛头部★★☆
lè shān dà fú tóu bù
らくさんだいぶつとうぶ／ラアシャンダアフウトォウブウ

　安らかな顔立ちで、長さ14.7m、直径10mになる楽山大仏の頭部。目の長さ3.3m、眉は5.6m、鼻の長さは5.6m、耳は肩までたれて長さ7mになる。石灰製の頭部には右まわりの「螺髪」が1021あり、雨水がそのかたちにそって背後に流れ、大仏の顔は雨水で浸食されないようになっている(1021の螺髪は18層からなり、4、9、19に溝がつくられていて、横に流れる)。

楽山大仏胴体／乐山大佛躯干★★☆
lè shān dà fú qū gàn
らくさんだいぶつどうたい／ラアシャンダアフウチュウガァン

　脚を組まず、脚を少し広げて坐る倚坐という姿勢の楽山大仏。この大仏胴体の肩幅は28mで、大仏の着ている法衣の襟としわは排水機能を果たし、胸からお腹にかけて草が茂っている。また膝に手を載せた手の指の長さは8.3mになる。唐代の大仏造営時につくられた蔵臓洞と呼ばれる洞穴があり、木造楼閣の天寧閣の残骸、門の石などが発見されている。

九曲桟道／九曲栈道★★☆
jiǔ qū zhàn dào
きゅうきょくさんどう／ジィウチュウチャアンダァオ

　大仏頭部の右手側から、大仏足元まで続く全長500mほどの九曲桟道(凌雲桟道)。1984年に整備され、高さ71mの大仏の横を9回折れ曲がって続くことからこの名前がつけられた。階段は217段あり、大変急で、桟道はもっとも広くても1.45m、狭いところでは0.6mになる。桟道の最初の曲がり角には、水難で命を落とした死者の霊をともらう『西方極楽

狭いところでは60センチ、大仏の頭上から足元までくだる九曲桟道

図』の摩崖彫刻が見られる。

楽山大仏足部／乐山大佛脚部 ★★☆
lè shān dà fú jiǎo bù
らくさんだいぶつそくぶ／ラアシャンダアフウジィアオブウ

　楽山大仏の足の甲の幅は8.5mあり、100人以上が座ることができる。大仏の足先は、三江合流地点でもあり、ここを仏頭灘と呼ぶ。南宋の范成大は「仏足は江からわずかに数歩の距離にすぎず、驚濤怒号しわきかえりつつその前を流れていて、とてもじっと立ちつくして眺めることなどできない」と記している。この楽山大仏の足元からは、大仏が大きすぎて上の様子を見ることができない。

左右崖天王像／左右崖天王像 ★☆☆
zuǒ yòu yá tiān wáng xiàng
さゆうがけてんのうぞう／ズゥオヨウヤアティエンワンシィアン

　楽山大仏の足元左右にうがたれた左右崖天王像。803年の大仏完成のときにはなかったが、そのあとに新たに刻まれた。高さ10mほどの仏龕のなかの天王像は、甲冑姿や肩から昇る火炎から、左右ともに毘沙門天像だとされる。唐代、吐蕃と南詔に隣接する辺境地帯であった四川では、毘沙門天の軍神的性格が尊重された。唐末の咸通年間(860～874年)、南蛮王が成都を包囲した際、城が陥落する直前に、毘沙門天が現れて、目から光を放ち、蛮兵を退散させたという。

東坡楼／东坡楼 ★☆☆
dōng pō lóu
とうばろう／ドォンポオロォウ

　楽山大仏の背後に残る蘇東坡ゆかりの東坡楼。蘇東坡は宋代を代表する文人で、楽山近くの眉州を出身とする。東坡楼は蘇東坡が読書した場所だと伝えられ、蘇東坡読書楼とも呼ぶ。蘇東坡は「願わくば嘉州の太守となって、酒を載せ

て、つねに凌雲山で遊んでいたい」と言ったという范成大『呉船録』の記録が残る。この故事にちなんで、宋初に建てられた戴酒堂(戴酒亭)はじめ、蘇東坡読書楼、洗墨池など、蘇東坡ゆかりの場所が点在する(明代には宦官の魏忠賢生祠となっていたが、その後、改建された)。蘇東坡は『初発嘉州(はじめて嘉州を発する)』を記しているほか、甘酢あんかけ糖醋の「東坡墨魚ドォンポオモオユウ」をこの地でつくって食べたという。

海師洞／海师洞 ★☆☆
hǎi shī dòng
かいしどう／ハァイシイドォン

　713年に楽山大仏の造営をはじめた海通和尚をまつる海師洞。海通和尚は貴州出身で、ここ凌雲山で庵を結んでいた。楽山の三江合流地点での水難を目のあたりにした和尚は、各地をまわって20年かけて大仏建設のために資金を集めた。しかし、悪役人の賄賂要求にあい、自分の目をえぐり出すことで、その意志をつらぬいて見せた。海通和尚は大仏頭部から肩の部分までができたところでなくなったが、その意志は引き継がれ、803年、楽山大仏は完成した。海師洞あたりは、和尚が庵を構えていた場所だと言われ、海通和尚の像が立つ。

霊宝塔／灵宝塔 ★☆☆
líng bǎo tǎ
れいほうとう／リィンバァオタア

　凌雲寺後方の霊宝峰に立つ高さ38mの霊宝塔。唐代の創建で、13層、屋根同士が重なりあう密檐式塔は、西安の小雁塔を思わせる。明代の1554年に修建されたという記録が残り、この塔は三江を往来する船にとって灯台の役割も果たした。凌雲塔ともいう。

唐代以来の歴史をもつ凌雲寺

崖に穴をうがって墓がつくられた麻浩崖墓

ここでも赤砂岩が使われている、仏国天堂

岷江に向けられた砲台、三亀九頂城砲台遺址

沫若堂／沫若堂 ★☆☆
mò ruò táng
じゃくまつどう／モオルゥオタァン

　中国と西欧の様式があわさった建築の沫若堂。楽山沙湾に生まれた近代中国を代表する文学者の郭沫若(1892〜1978年)ゆかりの書画や写真が展示されている。霊宝峰の北西隅に位置し、高さ3mの郭沫若の銅像が立つ。

仏国天堂／佛国天堂 ★☆☆
fú guó tiān táng
ぶっこくてんどう／フウグゥオティエンタァン

　楽山大仏背後に位置する仏教と仏教彫刻を主題とした仏国天堂。楽山大仏が造営された唐代の宮殿風建築で、天門、天梯、三大宝殿、雲台、雲梯、弥勒金像などが見られる。また長さ1000mほどの石刻長廊が走り、摩崖造像、彫塑、壁画、彩色画なども飾られている。

壁津楼／壁津楼 ★☆☆
bì jīn lóu
へきしんろう／ビイジィンロォウ

　もともと楽山旧城の南門にあたり、宋代に創建された壁津楼。壁津という名称は、青衣江で璧玉が産出されたこと、この近くが渡河地点(「津」とは渡し場の意味)だったことにちなむ。現在の建物は、1917年に建てられたこの地方の川の神さまをまつる洪川廟をもとにしていて、山のなかにあって明清時代の建築の特徴が見いだせる。

三亀九頂城砲台遺址／三亀九頂城炮台遺址 ★☆☆
sān guī jiǔ dǐng chéng pào tái yí zhǐ
さんききゅうちょうじょうほうだいいせき／サァングゥイジィウディンチェンパァオタァイイイチイ

　楽山旧城を南から守る要塞で、宋代、南下するモンゴル軍(元)に備えて造営された三亀九頂城砲台遺址。岷江の東岸

の上亀山、中亀山、下亀山という3つの亀山、9つの頂をもつ凌雲山や東岩山の地形にあわせて城壁がめぐらされていた(現在の楽山大仏景区と重なる)。当時の楽山には嘉慶軍節度がおかれ、三亀九頂城は重慶、白帝城、釣魚城とならぶ四川の戦略的要地であった。1236～75年のあいだ、40年にわたって楽山をめぐる両者の戦いは続き、楽山は1279年に陥落した。三亀九頂城砲台遺址には、この要塞で使われていた砲台が残る。

麻浩漁村／麻浩漁村 ★★☆
má hào yú cūn
まこうぎょそん／マアハァオユウチュン

楽山大仏の南、烏尤山対岸の麻浩墓近くにたたずむ麻浩漁村。1階建ての建物が通りをはさむように2列でならび、そのあいだに高層の楼閣が立つ。その姿はまるで船のようで、村全体で船のかたちをつくっている。あたりには岷江で漁業を営む漁民が暮らし、楽山料理を出す店もならぶ。

麻浩崖墓／麻浩崖墓 ★☆☆
má hào yá mù
まこうがいぼ／マアハァオヤアムウ

麻浩崖墓は凌雲山と烏尤山のあいだに位置し、長さ200m、幅25mのエリアに544座の崖墓が残る。崖墓は、前堂三穴という様式で、墓の門には精細な彫刻や飛檐が残り、洞窟、副葬品から見て、後漢時代から南北朝時代に造営された。これら崖に墓をつくる様式は、この地独特のもので、当時の古代建築、民俗、宗教を知ることができる(漢族のものではなく、「夜郎自大」の野郎国に通じるものだという)。四川省には崖墓が多く残るが、楽山にとくに集中している。麻浩とは地名をさし、麻浩崖墓古陶棺、麻浩漁村が位置する。

村自体が船のかたちをしている麻浩漁村

東方仏都／东方佛都 ★☆☆
dōng fāng fú dōu
とうほうぶっと／ドォンファンフウドォウ

　楽山大仏景区の東側に位置する東方仏都。楽山大仏にちなんで、国内外の3000を超える仏像が集められ、磨崖仏、仏教の浮き彫り、石刻なども見える。この仏教芸術の宝庫は、1994年に開放された。

Wu Long Shan
烏尤山鑑賞案内

古刹烏尤寺の位置する烏尤山
ここはかつて凌雲山と陸続きだったが
秦の李冰の治水工事の結果、島となった

濠上大橋／濠上桥 ★☆☆
háo shàng dà qiáo
ごうじょうおおはし／ハァオシャンダアチィアオ

　楽山大仏のある凌雲山と烏尤山のあいだを流れる麻浩河にかかる濠上大橋(麻浩河は秦の李冰が開削した)。烏尤寺の僧侶の発願から、1993年、それまでの橋にかわって完成した。全長98m、幅5.9mの三拱の橋は左右対称で、中央が虹橋、両端にふたつの廊下、4つの亭が立ち、美しい姿を川面に見せる。濠上大橋という名称は、『荘子』のなかで濠水にかかる石橋のうえで、荘子と恵子がやりとりした「魚の楽しみ」の故事からとられている。

烏尤山／乌尤山 ★☆☆
wū yóu shān
うゆうさん／ウウヨウシャン

　楽山大仏の立つ凌雲山と相対するように立つ景勝地の烏尤山。もともと凌雲山とつながっていたが、秦代に李冰(紀元前250年ごろ)が人工の麻浩河を開削したため、陸地と切り離されて島になった。烏尤山は、標高434m、山の長さ630m、幅310mで、周囲を水に囲まれ、岷江に浮かぶ碧玉のようとたたえられる。青衣山、青衣島、青衣別島などの別称をもち、その姿がサイに似ていることから烏牛山ともいった(人びとに

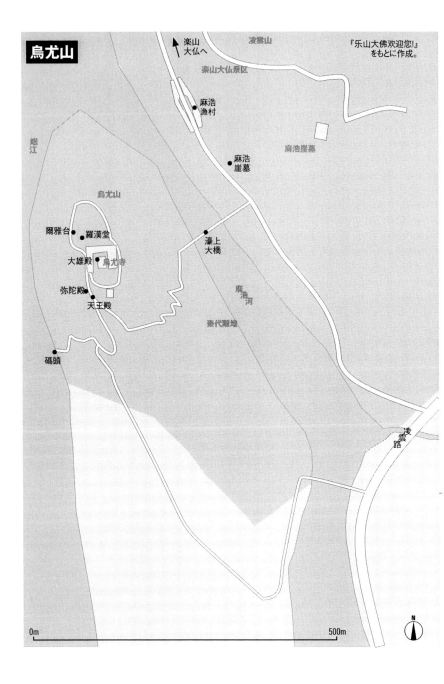

蚕と桑を教えたという古蜀の青衣神が棲むとされた)。唐代から楽山を代表する遊覧地であり、烏尤寺をはじめとして景勝地が点在する。宋代の文人、黄庭堅(1045〜1105年)がこの島で遊び、以降、現在の名前(烏尤山)となった。多くの文人に愛され、郭沫若は『登烏尤山』を記している。楽山旧城側からこちらを見たとき、烏尤山が涅槃仏の頭部にあたり、凌雲山が胴体にあたる。

秦代離堆／秦代离堆 ★☆☆
qín dài lí duī
しんだいりたい／チィンダァイリドゥイ

　秦代離堆とは、都江堰の造営でも知られる秦の李冰が、紀元前256年ごろ、築いた水利事業をさす。秦の李冰は、成都郊外の岷江が山岳地から平野に流れる地点に都江堰を造営し、必要な水がいつでも一定量、内江(成都方面)に流れ、不要な水は外江に流れる工事を行なった。それだけでなく、四川太守であった李冰は、楽山の三江合流地点でしばしば起こっていた水害の理由を調査し、流れが衝突するところの岸、ちょうど烏尤山と凌雲山のあいだに人工河川の麻浩河を開削した。すると、それまで勢いよく岷江に合流していた大渡河の多い水量は、麻浩河に流れ、再び岷江に合流するようになった(烏尤山が陸地から切り離され、その周囲を水が流れはじめ

★★★
楽山大仏景区／乐山大佛景区 lè shān dà fú jǐng qū ラアシャンダアフウジィンチュウ

★★☆
麻浩漁村／麻浩渔村 má hào yú cūn マアハァオユウチュン
烏尤寺／乌尤寺 wū yóu sì ウウヨゥスウ

★☆☆
濠上大橋／濠上大桥 háo shàng dà qiáo ハァオシャンダアチアオ
烏尤山／乌尤山 wū yóu shān ウウヨゥシャン
秦代離堆／秦代离堆 qín dài lí duī チィンダァイリドゥイ
麻浩崖墓／麻浩崖墓 má hào yá mù マアハァオヤアムウ
岷江／岷江 mín jiāng ミィンジィアン
凌雲山／凌云山 líng yún shān リィンユンシャン

烏尤山には古蜀の縦目の王、青衣神が棲むと言われた

唐代以来の古刹として知られる烏尤寺

両隅のそりあがった屋根をもつ伽藍

た)。「蜀では蜀守の李冰が離堆の岸を削って広げ、沫水(大渡河)の害を避けた」。合流地点に集まった多すぎる水をうまく流すようにした、この工事の記録は『史記』と『漢書』に掲載されている。離堆とは「離して積みあげる」を意味する。

烏尤寺／乌尤寺★★☆
wū yóu sì
うゆうじ／ウウヨウスウ

　烏尤寺は、高さ434mの烏尤山の山頂に立つ唐代創建の仏教寺院。もともとあたりには古蜀の青衣神が棲むとされ、唐代に、恵浄禅師が山中に庵を結んだことにはじまる。粛宗の至徳、乾元年間(756〜760年)に建てられた当初は、正覚寺といったが、北宋時代に烏尤寺と改名された。明清時代に二度、戦乱で破壊されたのち、清朝末期、近代に再建されている。烏尤寺の伽藍は、四天王をまつる「天王殿」、高さ6mの阿弥陀仏をまつる「弥陀殿」、釈迦牟尼と文殊菩薩、普賢菩薩を安置する「大雄殿」と続き、500あまりの羅漢像を擁する「羅漢堂」も位置する。烏尤寺の西側は断崖絶壁となっていて、足元には岷江、遠くに峨眉山をのぞむ「爾雅台」がある。ここ「爾雅台」は、漢代の文学者、郭舎人が爾雅(中国最古の辞書)の注釈を記したところと伝えられ、1921年に重建された。

凌雲山と烏尤山を結ぶ濠上大橋がかかる

Xin Cheng Qu
新市街城市案内

楽山旧城の北郊外に開かれた楽山の新市街
計画的に街区がつくられ
成都と結ばれた高鉄駅もこちらにある

楽山新市街／乐山新城区 ★☆☆
lè shān xīn chéng qū
らくさんしんしがい／ラアシャンシィンチェンチュウ

　三江合流地点の楽山旧城から5kmほど北に離れた楽山新市街。2000年以後、楽山のCBD（中央商務区）として柏楊中路と嘉州大道を中心に開発が進んだ（当初、楽山柏楊開発新区と言われた）。広い街区に大型ショッピングモール、高速鉄道の駅が位置し、今では楽山の中心地となっている。

時代広場／时代广场 ★☆☆
shí dài guǎng chǎng
じだいひろば／シイダァイグゥアンチャァン

　五方向からの通りが集まる新市街最大の繁華街に立つ時代広場。ブランド店や各種店舗の入居するショッピングモールで、楽山新世紀広場ともいう。ちょうど楽山新市街の中心、楽山駅と楽山旧城を結ぶ地点に立つ。

楽山広場／乐山广场 ★☆☆
lè shān guǎng chǎng
らくさんひろば／ラアシャングゥアンチャァン

　東は嘉州大道、西は白崖山に続く、楽山新市街の中心に整備された楽山広場。ひし形のプランをもつ巨大な緑地で、街

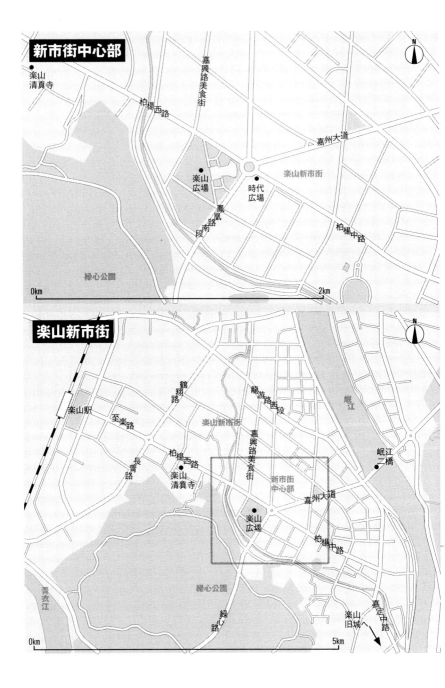

のランドマークとなっている。楽山は1年を通して温暖で、雨の多いめぐまれた環境から灌木が立ち、水生植物が生息する。

嘉興路美食街／嘉兴路美食街★☆☆
jiā xīng lù měi shí jiē
かこうろびしょくがい／ジィアシィンルウメイシイジエ

柏楊中路から北側に伸びる嘉興路美食街。通りの両脇に、白宰鶏、清蒸江団などの嘉州菜(楽山の料理)を出す店や小吃店がならぶ。

楽山清真寺／乐山清真寺★☆☆
lè shān qīng zhēn sì
らくさんせいしんじ／ラアシャンチンチェンスウ

楽山に暮らすイスラム教徒が礼拝に訪れるモスクの楽山清真寺。明末清初にイスラム教は楽山に伝わり、湖北あたりからの移民に回族が多かったという(駐軍のなかに回族が多かった)。1882年、楽山旧城の板廠街に回族たちが資金を集めて板廠街清真寺を建てたが、中華民国初年に火災にあった。現在の楽山清真寺は新市街造営とともに21世紀に入ってから建てられ、緑色のドーム、ミナレットをもつイスラム世界風の建物となっている。

★☆☆
楽山新市街／乐山新城区 lè shān xīn chéng qū ラアシャンシィンチェンチュウ
時代広場／时代广场 shí dài guǎng chǎng シイダイグゥアンチャァン
楽山広場／乐山广场 lè shān guǎng chǎng ラアシャングゥアンチャァン
嘉興路美食街／嘉兴路美食街 jiā xīng lù měi shí jiē ジィアシィンルウメイシイジエ
楽山清真寺／乐山清真寺 lè shān qīng zhēn sì ラアシャンチンチェンスウ
岷江／岷江 mín jiāng ミィンジィアン
青衣江／青衣江 qīng yī jiāng チィンイイジィアン

楽山の産業

　楽山南20kmの五通橋は、紀元前の秦代から井塩(井戸からとれる塩)で知られていたという。水運によって四川各地の街、長江とつながる楽山は、楽山近郊で産出された四川の豊かな食料、木材、また鉄や銅、石灰岩などの鉱物の集散地となってきた。また楽山の農家の副業でつくられた嘉定綢(嘉綢)という絹織物の質の高さも中国全土で知られていた。近代に入ると、長江から岷江をへて成都に続く水路が注目され、宜賓と楽山を結ぶ汽船も往来した(こうした性格は成都の外港が楽山につくられた現代まで続く)。また楽山市街と峨眉山の中間地点にある水口という小さな村では、長いあいだ鵜飼漁が行なわれてきて、漁師たちはそこから近い黄砂壩(魚鷹島)を住み処としてきた。

楽山の行政区と方言

　楽山では、四川官話(西南官話、成都話)に近い楽山方言が話されている。楽山ではより古い音が残されているといい、楽山方言では「太阳(太陽)」を「太阳包(太陽包)」、赤子の「婴儿(嬰児)」を「咕呱儿(咕呱児)」と言う。この楽山方言も、三江合流点を起点に楽山市街中心部の「市中区話」、岷江下流(南)の五通橋で話されている「五通話」、また大渡河上流(西)の沙湾で話されている「沙湾話」に分類される。これらはちょうど現在の楽山市中心部の行政区である市中区、五通橋区、沙湾区と対応した地域性をもつ。

Nan Jiao Qu
楽山南郊外城市案内

**三江合流地点から南郊外には
楽山の開発区がおかれ
五通橋や沙湾といった衛星都市も位置する**

楽山開発区／乐山开发区 ★☆☆
lè shān kāi fā qū
らくさんかいはつく／ラアシャンカァイファアチュウ

　旧城と対置するように、大渡河の南岸に広がる楽山の開発区(楽山高新技術産業開発区)。楽山では1992年に経済開発区がおかれ、1996年に現在の名前になった。整然とした街区をもつ楽山の新たな経済中心地となっているほか、唐代創建の洛都寺、明末につくられた泊灘堰、戦時故宮遺跡なども位置する。また市街南部にある楽山港は、成都平原唯一の港であり、楽山港は成都港でもある。

戦時故宮博物館／战时故宫博物馆 ★☆☆
zhàn shí gù gōng bó wù guǎn
せんじこきゅうはくぶつかん／チャンシイグウゴォンボオウグゥアン

　近代、日本の中国侵略(1937年に日中戦争開戦)を受けて、1933年、北京故宮の文物は内陸部に遷され、やがて楽山に運ばれてきた。楽山にこの貴重な文物が着いたとき、ちょうど洪水の季節であったため、楽山からさらに上流の安谷鎮に運ばれた。ここに故宮文物が保管されていたことは、機密事項であり、24時間体制で監視された(日中戦争中は、同じく内陸の重慶に国民党の臨時首都がおかれた)。これら故宮の文物は、国民党が台湾に遷ったことにあわせて、台湾に運ばれたが、現在

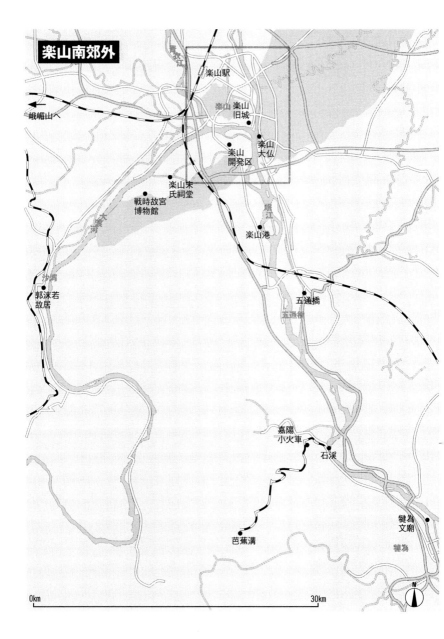

は「故宮文物南遷史料陳列館」がおかれている。

楽山宋氏祠堂／乐山宋氏祠堂 ★☆☆
lè shān sòng shì cí táng
らくさんそうししどう／ラアシャンソンシイツウタァン

　この地方の有力宗族である宋氏一族が暮らした邸宅で、明末清初に建てられた楽山宋氏祠堂。中庭をもつ四合院様式で、周囲に外壁をめぐらせ、黒い屋根瓦を載せる。宗堂には「正気千秋」の文言が見え、宋元泰を共通の祖先とする父系宗族がいっしょに暮らしていた。祠堂内には戯台が見えるほか、門には精緻な彫刻が施されている。現在の建物は清末の1904年に修建され、楽山大仏を背後に、峨嵋山に向かって立つ。

沙湾／沙湾 ★☆☆
shā wān
さわん／シャアワァン

　楽山の南西25km、大渡河の西岸に位置する衛星都市の沙湾。唐代の742年から街はあり、四川盆地の平野部と山間部のまじわるところに位置することから、南陵という古名

★★★
楽山旧城／嘉州古城 jiā zhōu gǔ chéng ジアチョウグウチャン
楽山大仏／乐山大佛 lè shān dà fú ラアシャンダアフウ

★☆☆
楽山開発区／乐山开发区 lè shān kāi fā qū ラアシャンカァイファアチュウ
戦時故宮博物館／战时故宫博物馆 zhàn shí gù gōng bó wù guǎn チャンシイグウゴンボオウグゥアン
楽山宋氏祠堂／乐山宋氏祠堂 lè shān sòng shì cí táng ラアシャンソンシイツウタァン
沙湾／沙湾 shā wān シャアワァン
郭沫若故居／郭沫若故居 guō mò ruò gù jū グゥオモオロゥオグウジュウ
楽山港／乐山港 lè shān gǎng ラアシャンガァン
五通橋／五通桥 wǔ tōng qiáo ウウトンチアオ
犍為文廟／犍为文庙 jiān wéi wén miào ジアンウェイウェンミィアオ
嘉陽小火車／嘉阳小火车 jiā yáng xiǎo huǒ chē ジアヤァンシィアオフゥオチァア
岷江／岷江 mín jiāng ミィンジィアン
大渡河／大渡河 dà dù hé ダアドゥハア
青衣江／青衣江 qīng yī jiāng チィンイイジィアン

楽山新市街の中心部に立つ時代広場

成都とのあいだを往来する高速鉄道が走る楽山駅

岷江最大の支流である大渡河をさかのぼると沙湾に着く

路線バスが楽山中心部と郊外を結ぶ

で知られていた。清代の1786年、洪水で村が水没すると、現在の場所で新たな街がつくられた(南陵のあったのは砂州の姚河壩)。そのとき「霊山秀水、沙岸湾環(美しい山水に囲まれた岸辺)」という意味から、沙湾という街名になった。20世紀なかごろの三線建設時期に、工業拠点がつぎつぎにこの街に遷され、現在では中心の市中区、五通橋区とならぶ沙湾区を構成する。また著名な文人である郭沫若の故郷として名高い。

郭沫若故居／郭沫若故居★☆☆
guō mò ruò gù jū
かくまつじゃくこきょ／グゥオモオロゥオグウジュウ

　近代中国を代表する文学者、劇作家、考古学者である郭沫若(1892～1978年)。郭沫若は四川省楽山郊外の沙湾で生まれ、沫水(大渡河)と若水(青衣水の古名)からその名前がつけられた。郭沫若はこの地で少年時代を過ごし、14歳のときに、科挙が廃止され、新しく楽山に設立された新式学校の小学堂に入学。そこから成都の中学堂、日本留学をへて、日本の留学先で五四運動に刺激され、文学活動とともに政治運動に参加するようになった。日中戦争中は、政治への批判を歴史劇に求め、重慶で上演された『屈原』は大きな反響を呼んだ。1949年の中華人民共和国設立以後は、国務院副総理に就任し、科学、文芸の面で指導的な役割を果たした。二峨山(峨嵋山の二峰である綏山)を背負い、大渡河に面した郭沫若故居は、清朝嘉慶年間(1796～1820年)に建てられ、咸豊年間(1851～61年)に修建された。四進三院の四合院(涼庁子)の様式をもち、綏山山館の名前で知られていた。1958年の大躍進のときに破壊されたが、1992年に新たに開館し、郭沫若誕生室、父母居室、張瓊華居室などが見られる。

楽山港／乐山港 ★☆☆
lè shān gǎng
らくさんこう／ラアシャンガァン

　楽山市街から南10kmの五通橋区冠英鎮に位置する楽山港。2009年、岷江と大渡河をあわせて十分な水量をもつこの地に整備された。長江と内陸の四川省各地へ通じる港であり、楽山と四川の物流拠点となっている。楽山港は四川盆地(成都経済圏)で唯一の港でもあり、成都の外港という性格ももつ。

五通橋／五通桥 ★☆☆
wǔ tōng qiáo
ごつうきょう／ウウトォンチアオ

　五通橋は明清以前より塩の産地として知られた古い街で、町の名前は老橋のそばに五通神をまつる五通廟があったことに由来する(南中国で信仰された民俗神で、山の妖怪が神格化された)。古くは秦蜀太守の李冰が地下から塩水をくみあげて塩をつくったともいい、「(五通橋は)塩によって集落ができ、塩によって街となり、塩によって興亡した」と言われる。清朝初期から多くの移民がこの街に遷ってきたことで、街の規模が大きくなり、製塩業も繁栄を見せた(現在でもこの地で産出された岩塩による化学工業が盛ん)。また岷江、湧斯江、芒渓河が集まり、山水の美しさから小西湖の名で知られ、文学や書画にも描かれてきた。1959年から楽山に編入され、街には五通橋小西湖、四望関の浮橋、橋灘商業街などが位置する。

犍為文廟／犍为文庙 ★☆☆
jiān wèi wén miào
けんいぶんびょう／ジィアンウェイウェンミィアオ

　岷江の宿場町であった犍為の玉津鎮南街に残る犍為文廟。四川省でもっとも大きな文廟で、学問の神さま孔子をまつる。北宋の真宗(1008～16年)時代の創建にさかのぼり、何度

も破壊と再建を繰り返し、明代の1371年に修建された。照壁の衍宮墻からなかに入ると、霊星門、泮池、大成門と続き、孔子をまつる大成殿へといたる（大成殿の背後には啓聖宮が位置する）。これら南北200mの中軸線に建築がならぶ三進四合院の様式となっている。

嘉陽小火車／嘉阳小火车 ★☆☆
jiā yáng xiǎo huǒ chē
かようしょうかしゃ／ジィアヤァンシィアオフゥオチャア

　嘉陽小火車は、楽山南郊外の犍為を走る小さな列車。1958年、炭鉱の運輸のため、芭石鉄路が建設され、その翌年から運行を開始した。「寸軌火車（ちっちゃな汽車）」と呼ばれる狭軌76.2cmの蒸気機関車が、芭蕉溝〜石渓間の19.84kmを走る。当初は石炭の運搬だったが、この沿線に暮らす農民が利用する足となり、やがて客運と貨物列車が分離した。のどかな花畑のなか、小さな列車が煙をあげてもくもく走る姿が、映画などで紹介されて注目されるようになった。

蘇東坡や郭沫若、この地方は優れた文人を輩出してきた

楽山名小吃の看板

この地方の山水が李白『峨嵋山月歌』、蘇東坡『初発嘉州』で描かれた

岷江でとれた魚が売られている

Bei Jiao Qu
楽山北郊外城市案内

三江合流地点から岷江をさかのぼっていくと
李白が詠った平羌小三峡
そして蘇東坡の故郷眉州にたどり着く

平羌小三峡／平羌小三峡 ★☆☆
píng qiāng xiǎo sān xiá
へいきょうしょうさんきょう／ピィンチィアンシャオサァンシィア

　楽山北郊外、岷江沿いの関廟郷に位置し、古くから詩に詠われてきた景勝地の平羌小三峡。犁頭峡、背峨峡、平羌峡からなり、あたりは両側から断崖がせまり、美しい景色をつくる。唐の詩人李白(701～762年)の代表作『峨眉山月歌』(「峨眉山月半輪秋／影入平羌江水流／夜発清渓向三峡／思君不見下渝州」)は、725年、四川江油を出発した李白が平羌小三峡あたりで詠んだものだという。当時、25歳の李白が四川を離れるため、岷江をくだって、平羌江(岷江)のほとりで峨嵋山にかかる半月を眺めたところが描写されている。平羌小三峡では、岷江が碧色の水面を見せ、李白ゆかりの「太白釣魚台」「太白亭石」も残る。平羌という地名は、北周時代の平羌郡(郡治は楽山)、また北周～宋代まであった楽山上流の平羌県をさし、あたりの川を平羌江と呼んだ。

板橋古駅／板桥古驿 ★☆☆
bǎn qiáo gǔ yì
はんきょうこえき／バンチィアオチュウイイ

　四川の交通網であった岷江を往来する旅人のための宿場町だった板橋古駅。成都、楽山から宜賓にいたる交通の要衝

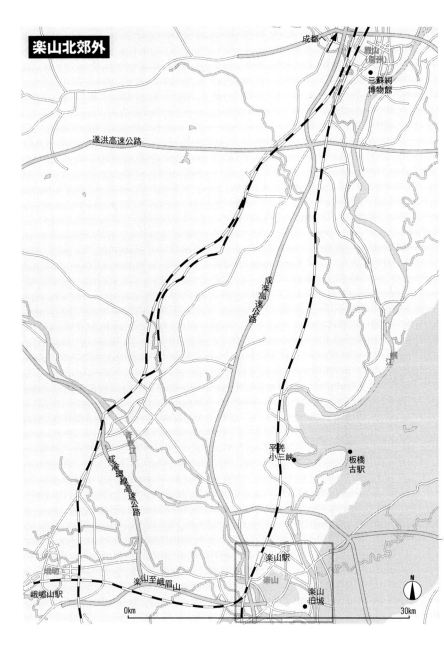

で、『峨眉山月歌』を詠んだ唐の李白(701〜762年)も、板橋古駅から楽山、五通橋、犍為とくだっていった。板橋古駅あたりは、隋唐時代に平羌県がおかれたところで、このあたりの岷江を平羌江とも呼んだ。現在は関廟郷に属する。

三蘇祠博物館／三苏祠博物馆★☆☆
sān sū cí bó wù guǎn
さんそしはくぶつかん／サンスウツウボオウグゥアン

宋代を代表する学者の蘇洵(1009〜66年)、その子で蘇東坡こと蘇軾(1037〜1101年)、弟の蘇轍(1039〜1112年)の故居である三蘇祠博物館。楽山と成都のあいだの眉州に位置し、元代に邸宅から祠になり、明末に焼けたのち、1665年に修建された。この故居(三蘇祠博物館)は、宰相韓琦や仁宗皇帝にも重用された文人の蘇洵、唐宋八大家のひとりで宋代を代表する文人の蘇東坡、兄の蘇東坡とともに19歳で科挙に合格し、翰林学士など朝廷の要職をつとめた蘇轍という優れた文人を輩出した(この3人を三蘇と呼ぶ)。中国伝統の建物と庭園をあわせた園林となっていて、雲嶼楼、正殿、瑞蓮亭、披鳳榭はじめ、蘇東坡が使ったという洗硯池も残る。

四川眉州出身の蘇東坡

北宋を代表する文人、官吏で、唐宋八大家のひとりの蘇東坡(1037〜1101年)。四川眉州の小地主の家に生まれた蘇東坡は科挙に合格し、当初は中央官吏となった。そこで王安石ら

★★★
楽山旧城／嘉州古城 jiā zhōu gǔ chéng ジィアチョウグゥチャン
★☆☆
平羌小三峡／平羌小三峡 píng qiāng xiǎo sān xiá ピィンチィアンシャオサァンシィア
板橋古駅／板桥古驿 bǎn qiáo gǔ yì バンチィアオチュウイイ
三蘇祠博物館／三苏祠博物馆 sān sū cí bó wù guǎn サンスウツウボオウグゥアン
岷江／岷江 mín jiāng ミィンジィアン
青衣江／青衣江 qīng yī jiāng チィンイイジィアン

新法派に反対し、地方官として杭州、密州、湖州、黄州などを転々とした(蘇東坡は旧法派だった)。この地方官吏時代に、各地で堤防を築いたり、その地の特産品を使った料理を考案するなど、詩や文学以外でも後世への影響は大きい。蘇東坡は海南島に左遷され、その地で命を落としたが、蘇東坡が発明したことから蘇東坡の豚肉料理こと「東坡肉」や楽山料理である甘酢あんかけ糖醋の「東坡墨魚」は今でも食べられている。

Utsuri Kawari
城市のうつりかわり

岷江は成都から楽山をへて長江へ流れていく
建築、仏教、言葉、料理などで
四川省有数の伝統をもつ楽山の歩み

古蜀秦漢 (〜3世紀)

　春秋戦国時代以前、四川南部の楽山の地は、漢族とは異なる古蜀国の開明氏が統治していた(また、周代の紀元前561年、楽山に平羌県がおかれたともいう)。蜀の南には、「夜郎自大」で知られる貴州の野郎国があり、楽山は両者の境界にあたっていた。当時、水路が主要街道であり、楽山界隈ではもっとも早くに開発されたのが青衣江流域で、青衣とは、古蜀ではじめて王と称した蚕叢(縦目の王)をさす。成都に続いて紀元前309年、楽山も秦の統治下となり、南安県がおかれた。秦から移民が送りこまれ、李冰の行なった三江合流地点の水利工事「秦代離堆」がその姿を今もとどめている。漢代、近くに塩と鉄の産地があったことから、楽山に塩官と鉄官がおかれ、豊かな四川盆地を代表する街となっていた。また漢代にはこの地に仏教が伝わり、それは中国への仏教伝来の最初期でもあった。

魏晋南北朝隋 (3〜6世紀)

　劉備玄徳を皇帝とする『三国志』の蜀の時代をへた、東晋の343年、西南夷の僚人が大挙して押し寄せ、南安県(楽山)の山谷を占領したという。この記録からは楽山が依

然、黄河中流域から離れた辺境の地であったことを示している。南北朝北周の561年、楽山に平羌県がおかれ、続く579年に楽山旧城(嘉州古城)がつくられた。また隋代の593年に龍游県がおかれるなど、北周以後、平羌、峨眉、青衣、龍游といった街名で呼ばれ、それらは現在も楽山の地名や通り名として残っている。

唐宋元 (7〜13世紀)

唐代の713年からこの地の仏教僧、海通和尚の発願によって楽山大仏の造営がはじまり、90年の月日をかけて803年に完成した。唐代創建の楽山大仏は現在までこの街のシンボルとなっている。唐代の楽山あたりは、吐蕃(チベット)と南詔という異国への最前線であり、軍事力をもった剣南西川節度使がおかれていて、大仏造営にも助力したほか、830年には李徳裕が節度使として楽山に赴任している(869年、南詔の攻撃で楽山が陥落することもあった)。続く宋代の1163年に四川省南西部を統治する嘉定府が楽山におかれ、成都に準ずる地位を確固たるものとしたほか、以後、この「嘉定」や「嘉州」の名前で楽山は呼ばれることになった。唐宋時代、楽山の経済は飛躍的に発展し、また楽山の美しい山水は李白や蘇東坡といった中国を代表する文人に詠まれている。

明清 (13〜20世紀)

引き続き、明の1375年に嘉定府、嘉定州がおかれ、州署は楽山旧城(嘉州古城)にあった。洪水を繰り返す大渡河と岷江の流れにあわせるように、明の正統年間(1435〜49年)に木の柵がもうけられ、それはやがて1511年、石の城壁となり、明代の嘉州古城城壁は今でも残る。明清交代期の1646年、反乱軍の張献忠が楽山大仏の楼閣を燃やした

巨大な大仏の顔の向こうに人の姿が見える

世界遺産の楽山大仏に仏教僧が巡礼に訪れていた

精緻な彫刻がほどこされている

1億4000万年前の白亜紀につくられた地層だという

ため、それまでと違って楽山大仏はむき出しの姿になった。また張献忠の乱で荒れ果てた四川には、清初、湖南や湖北出身者を中心に多くの移民が移住してきて、1661年、四川総督の李国英の統治下となって、社会は安定した。続く雍正帝時代の1734年、嘉定州の府に楽山県がおかれ、以後、嘉定(嘉州)は楽山という街名で呼ばれるようになった。明清時代、水運のよい楽山は、食料や鉱物の集散地となり、商業が発展した。岷江と大渡河の合流地点に会江門があり、そこから両江沿いに碼頭がならび、楽山と各地を結ぶ船が往来した。広東会館、浙江会館、陝西会館などの商人が集まる会館、清真寺が位置し、東大街や箱箱街あたりが楽山でもっともにぎわいを見せていた。

近現代 (20世紀～)

楽山の近代化は清末からはじまり、1903年、郵務局がつくられた。四川では自国の権益を西欧に渡すなという保路運動が盛りあがり、楽山では哥老会による川南武装起義が起こって、1911年の辛亥革命へいたった。中華民国になると、楽山旧城をとり囲む城壁と城門が交通のさまたげとなることから、1928年の成嘉馬路(成都の武侯祠から嘉州こと楽山まで伸びる道路)の開通とともに撤去がはじまった。1937年にはじまる日中戦争時代には、北京故宮の文物が内陸の楽山に避難していたが、1939年、楽山市街は日本の空爆を受けてもいる。戦後の1949年12月16日、楽山は解放され、豊富な石炭や鉄をもとにした工業、紡織業、化学工業の盛んな街となった。また世界遺産に指定された高さ71mの楽山大仏と仏教聖地の峨眉山を抱える楽山は、四川省屈指の観光地でもある。20世紀末から、楽山旧城の北側につくられた新市街や、大渡河南の開発区もあわせて市域が拡大し、成都に準ずる四川省第2の都市という地位をもつ。

参考文献

『峨眉山と楽山大仏』(小学館)
『乐山市市中区志』(四川省乐山市市中区地方志编纂委员会/巴蜀书社)
『乐山古史新探』(杨炳昆/四川大学出版社)
『乐山大佛』(乐山市文物保管所/文物出版社)
『乐山方言』(赖先刚/巴蜀书社)
『乐山老霄顶文化公园』(阿平/巴蜀史志)
『峨眉山の報国寺と楽山大仏』(丘桓興/人民中国)
『中国内陸部中山間地域の農業農村(四川省楽山市周辺地域)中国社会主義市場経済化と農業の変容(11)』(藤田泉・荒木幹雄・笛木昭/広島県立大学紀要)
『呉船録』(范成大/平凡社)
『道教事典』(野口鐵郎 [ほか] 編/平河出版社)
『郭沫若選集/少年時代』(和田武司・藤本幸三訳/雄渾社)
『弥勒の来た道』(立川武蔵/NHK出版)
『中国仏教史』(鎌田茂雄/東京大学出版会)
『中国名勝旧跡事典』(中国国家文物事業管理局編・鈴木博訳・村松伸解説/ぺりかん社)
『四川地域の毘沙門天像』(大島幸代/早稲田大学大学院文学研究科紀要)
『支那省別全誌 第5巻四川省』(東亜同文会編)
『世界大百科事典』(平凡社)
乐山大佛欢迎您! http://www.leshandafo.com/
乐山市人民政府www.leshan.gov.cn/
乐山国家高新技术产业开发区http://gxq.leshan.gov.cn/
OpenStreetMap
(C)OpenStreetMap contributors

まちごとパブリッシングの旅行ガイド
Machigoto INDIA , Machigoto ASIA , Machigoto CHINA

北インド-まちごとインド

001　はじめての北インド
002　はじめてのデリー
003　オールド・デリー
004　ニュー・デリー
005　南デリー
012　アーグラ
013　ファテープル・シークリー
014　バラナシ
015　サールナート
022　カージュラホ
032　アムリトサル

西インド-まちごとインド

001　はじめてのラジャスタン
002　ジャイプル
003　ジョードプル
004　ジャイサルメール
005　ウダイプル
006　アジメール（プシュカル）
007　ビカネール
008　シェカワティ

011　はじめてのマハラシュトラ
012　ムンバイ
013　プネー
014　アウランガバード
015　エローラ
016　アジャンタ
021　はじめてのグジャラート
022　アーメダバード
023　ヴァドダラー（チャンパネール）
024　ブジ（カッチ地方）

東インド-まちごとインド

002　コルカタ
012　ブッダガヤ

南インド-まちごとインド

001　はじめてのタミルナードゥ
002　チェンナイ
003　カーンチプラム
004　マハーバリプラム

- 005 タンジャヴール
- 006 クンバコナムとカーヴェリー・デルタ
- 007 ティルチラパッリ
- 008 マドゥライ
- 009 ラーメシュワラム
- 010 カニャークマリ
- 021 はじめてのケーララ
- 022 ティルヴァナンタプラム
- 023 バックウォーター(コッラム〜アラップーザ)
- 024 コーチ(コーチン)
- 025 トリシュール

ネパール-まちごとアジア

- 001 はじめてのカトマンズ
- 002 カトマンズ
- 003 スワヤンブナート
- 004 パタン
- 005 バクタプル
- 006 ポカラ
- 007 ルンビニ
- 008 チトワン国立公園

バングラデシュ-まちごとアジア

- 001 はじめてのバングラデシュ
- 002 ダッカ
- 003 バゲルハット(クルナ)
- 004 シュンドルボン
- 005 プティア
- 006 モハスタン(ボグラ)
- 007 パハルプール

パキスタン-まちごとアジア

- 002 フンザ
- 003 ギルギット(KKH)
- 004 ラホール
- 005 ハラッパ
- 006 ムルタン

イラン-まちごとアジア

- 001 はじめてのイラン
- 002 テヘラン
- 003 イスファハン
- 004 シーラーズ
- 005 ペルセポリス
- 006 パサルガダエ(ナグシェ・ロスタム)
- 007 ヤズド
- 008 チョガ・ザンビル(アフヴァーズ)
- 009 タブリーズ
- 010 アルダビール

北京-まちごとチャイナ

- 001 はじめての北京
- 002 故宮(天安門広場)
- 003 胡同と旧皇城
- 004 天壇と旧崇文区
- 005 瑠璃廠と旧宣武区
- 006 王府井と市街東部
- 007 北京動物園と市街西部
- 008 頤和園と西山
- 009 盧溝橋と周口店
- 010 万里の長城と明十三陵

天津-まちごとチャイナ

001　はじめての天津
002　天津市街
003　浜海新区と市街南部
004　薊県と清東陵

上海-まちごとチャイナ

001　はじめての上海
002　浦東新区
003　外灘と南京東路
004　淮海路と市街西部
005　虹口と市街北部
006　上海郊外（龍華・七宝・松江・嘉定）
007　水郷地帯（朱家角・周荘・同里・甪直）

河北省-まちごとチャイナ

001　はじめての河北省
002　石家荘
003　秦皇島
004　承徳
005　張家口
006　保定
007　邯鄲

江蘇省-まちごとチャイナ

001　はじめての江蘇省
002　はじめての蘇州
003　蘇州旧城
004　蘇州郊外と開発区
005　無錫
006　揚州
007　鎮江
008　はじめての南京
009　南京旧城
010　南京紫金山と下関
011　雨花台と南京郊外・開発区
012　徐州

浙江省-まちごとチャイナ

001　はじめての浙江省
002　はじめての杭州
003　西湖と山林杭州
004　杭州旧城と開発区
005　紹興
006　はじめての寧波
007　寧波旧城
008　寧波郊外と開発区
009　普陀山
010　天台山
011　温州

福建省-まちごとチャイナ

001　はじめての福建省
002　はじめての福州
003　福州旧城
004　福州郊外と開発区
005　武夷山
006　泉州

007　厦門
008　客家土楼

広東省-まちごとチャイナ

001　はじめての広東省
002　はじめての広州
003　広州古城
004　天河と広州郊外
005　深圳(深セン)
006　東莞
007　開平(江門)
008　韶関
009　はじめての潮汕
010　潮州
011　汕頭

遼寧省-まちごとチャイナ

001　はじめての遼寧省
002　はじめての大連
003　大連市街
004　旅順
005　金州新区
006　はじめての瀋陽
007　瀋陽故宮と旧市街
008　瀋陽駅と市街地
009　北陵と瀋陽郊外
010　撫順

重慶-まちごとチャイナ

001　はじめての重慶
002　重慶市街
003　三峡下り(重慶〜宜昌)
004　大足
005　重慶郊外と開発区

四川省-まちごとチャイナ

001　はじめての四川省
002　はじめての成都
003　成都旧城
004　成都周縁部
005　青城山と都江堰
006　楽山
007　峨眉山
008　九寨溝

香港-まちごとチャイナ

001　はじめての香港
002　中環と香港島北岸
003　上環と香港島南岸
004　尖沙咀と九龍市街
005　九龍城と九龍郊外
006　新界
007　ランタオ島と島嶼部

マカオ-まちごとチャイナ

001　はじめてのマカオ
002　セナド広場とマカオ中心部
003　媽閣廟とマカオ半島南部
004　東望洋山とマカオ半島北部
005　新口岸とタイパ・コロアン

011　バスに揺られて「自力で潮州」
012　バスに揺られて「自力で汕頭」
013　バスに揺られて「自力で温州」
014　バスに揺られて「自力で福州」
015　メトロに揺られて「自力で深圳」

Juo-Mujin（電子書籍のみ）

Juo-Mujin香港縦横無尽
Juo-Mujin北京縦横無尽
Juo-Mujin上海縦横無尽
Juo-Mujin台北縦横無尽
見せよう! 上海で中国語
見せよう! 蘇州で中国語
見せよう! 杭州で中国語
見せよう! デリーでヒンディー語
見せよう! タージマハルでヒンディー語
見せよう! 砂漠のラジャスタンでヒンディー語

自力旅游中国Tabisuru CHINA

001　バスに揺られて「自力で長城」
002　バスに揺られて「自力で石家荘」
003　バスに揺られて「自力で承徳」
004　船に揺られて「自力で普陀山」
005　バスに揺られて「自力で天台山」
006　バスに揺られて「自力で秦皇島」
007　バスに揺られて「自力で張家口」
008　バスに揺られて「自力で邯鄲」
009　バスに揺られて「自力で保定」
010　バスに揺られて「自力で清東陵」

楽山と西南中国

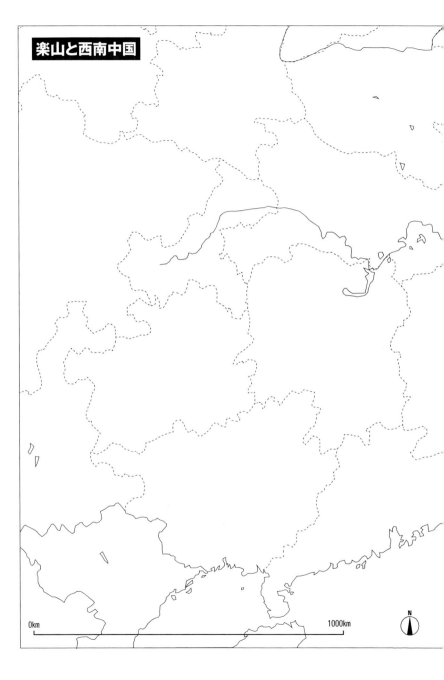

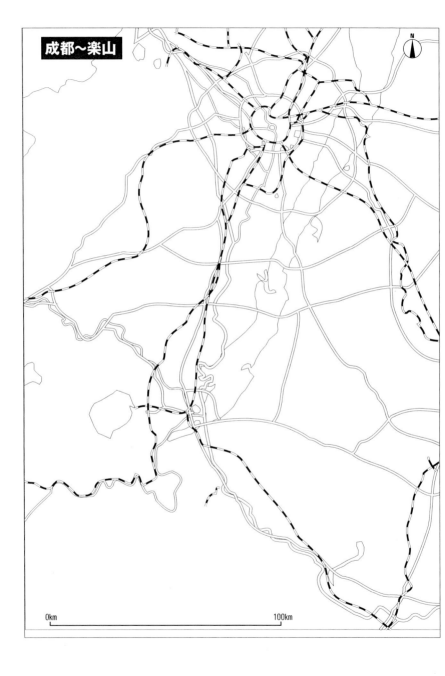

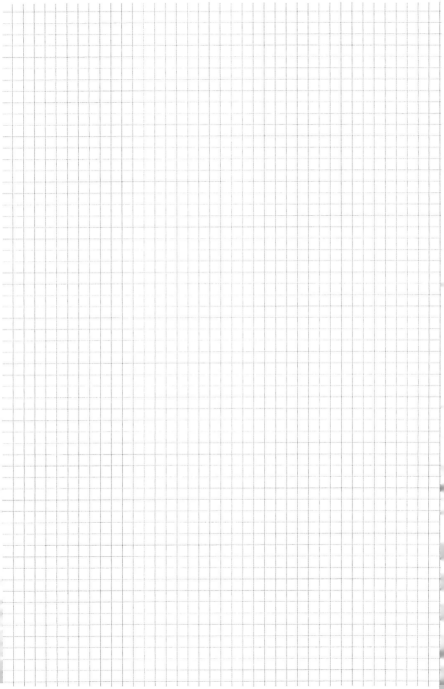

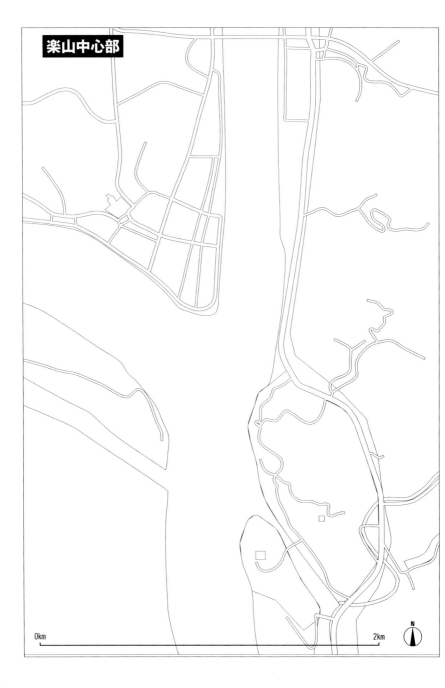

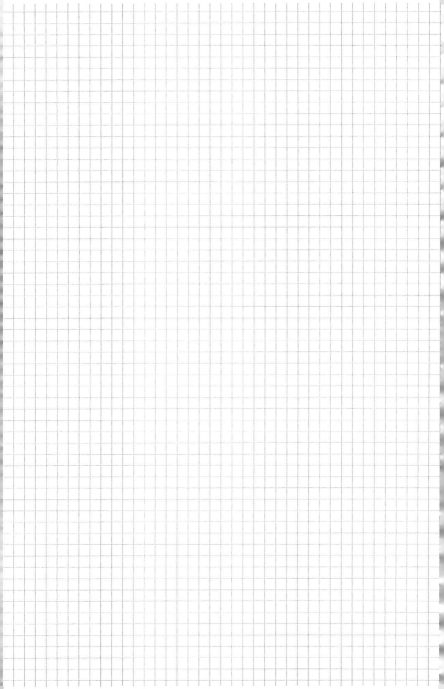

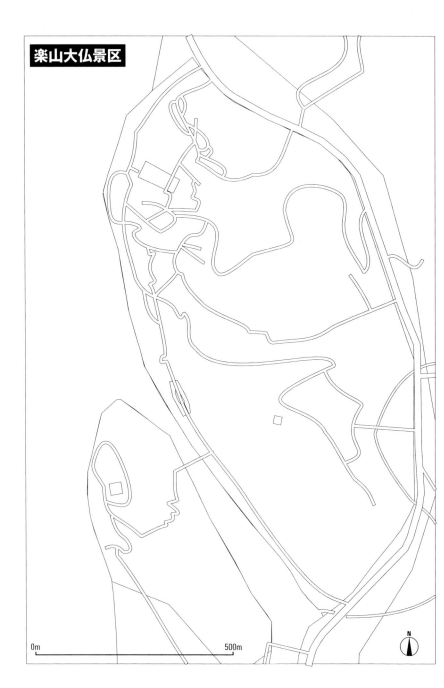

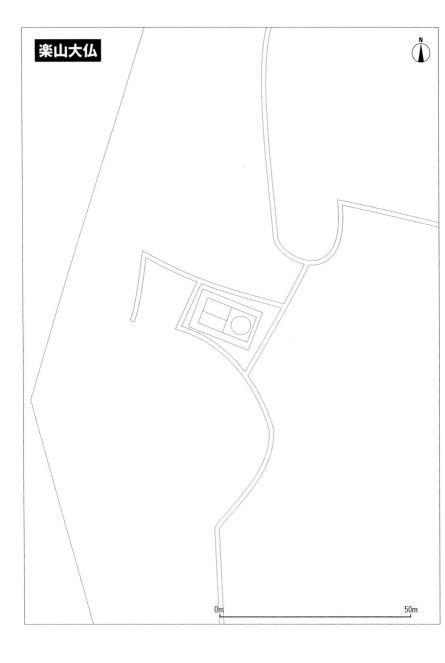

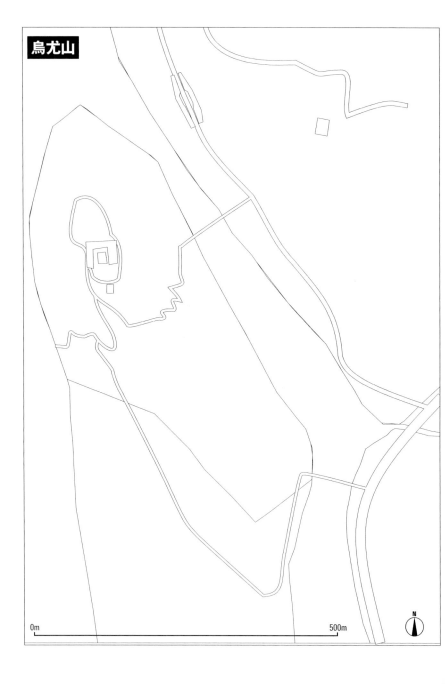

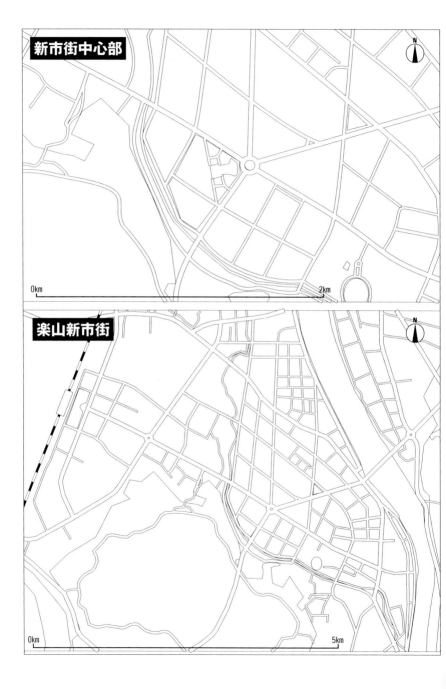

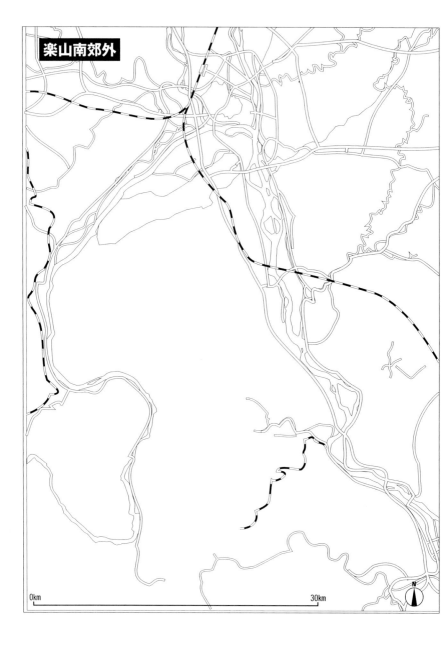
楽山南郊外

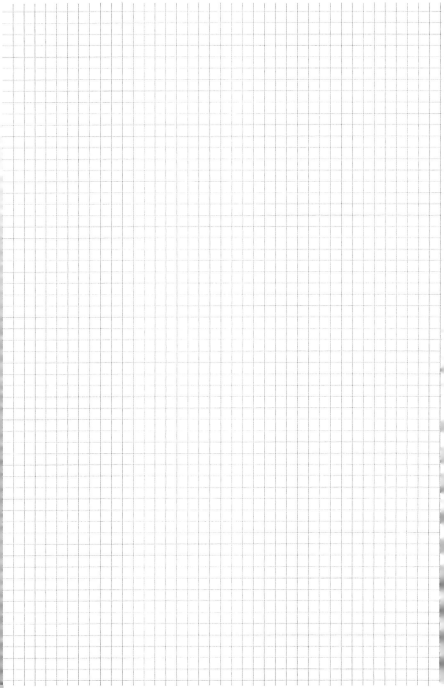

楽山北郊外

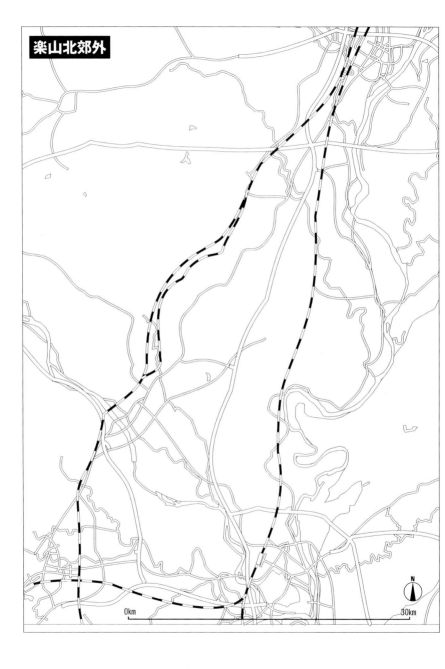

【車輪はつばさ】
南インドのアイラヴァテシュワラ寺院には
建築本体に車輪がついていて
寺院に乗った神さまが
人びとの想いを運ぶと言います

An amazing stone wheel of the Airavatesvara Temple
in the town of Darasuram, near Kumbakonam in the South India

まちごとチャイナ
四川省 006

楽山
「巨大の大仏」に見守られて
［モノクロノートブック版］

「アジア城市（まち）案内」制作委員会
まちごとパブリッシング
http://machigotopub.com

・本書はオンデマンド印刷で作成されています。
・本書の内容に関するご意見、お問い合わせは、発行元の
　まちごとパブリッシング info@machigotopub.com までお願いします。

まちごとチャイナ
四川省006楽山
〜「巨大の大仏」に見守られて [モノクロノートブック版]

2019年 11月12日　発行

著　者	「アジア城市（まち）案内」制作委員会
発行者	赤松　耕次
発行所	まちごとパブリッシング株式会社
	〒181-0013　東京都三鷹市下連雀4-4-36
	URL http://www.machigotopub.com/
発売元	株式会社デジタルパブリッシングサービス
	〒162-0812　東京都新宿区西五軒町11-13
	清水ビル3F
印刷・製本	株式会社デジタルパブリッシングサービス
	URL http://www.d-pub.co.jp/

MP213

ISBN978-4-86143-361-0 C0326　　　　Printed in Japan
本書の無断複製複写（コピー）は、著作権法上での例外を除き、禁じられています。